水电企业生态环境保护管理指导手册

中国华能集团有限公司生产环保部　组编

中国电力出版社
CHINA ELECTRIC POWER PRESS

图书在版编目（CIP）数据

水电企业生态环境保护管理指导手册 / 中国华能集团有限公司生产环保部组编. — 北京：中国电力出版社，2024.2
ISBN 978-7-5198-7410-0

Ⅰ.①水⋯ Ⅱ.①中⋯ Ⅲ.①水电企业－生态环境保护－中国－手册 Ⅳ.① F426.9-62

中国国家版本馆 CIP 数据核字（2024）第 047638 号

出版发行：中国电力出版社
地　　址：北京市东城区北京站西街 19 号（邮政编码 100005）
网　　址：http://www.cepp.sgcc.com.cn
责任编辑：孙　芳（010-63412381）
责任校对：黄　蓓　王海南
装帧设计：赵姗姗
责任印制：吴　迪

印　　刷：北京九天鸿程印刷有限责任公司
版　　次：2024 年 2 月第一版
印　　次：2024 年 2 月北京第一次印刷
开　　本：850 毫米 ×1168 毫米　32 开本
印　　张：5
字　　数：120 千字　插页 1 张
册　　数：0001—2000 册
定　　价：60.00 元

编写委员会

前言

　　为全面贯彻党的二十大精神和习近平生态文明思想，深入落实习近平总书记在全国生态环境保护大会上的重要讲话精神，牢固树立"绿水青山就是金山银山"的理念，深入打好污染防治攻坚战，推进美丽中国建设，以华能"三色"文化为引领，严格落实企业生态环保主体责任，推进企业环保治理体系建设和治理能力的现代化，不断提升企业生态环保标准化管理水平，中国华能集团有限公司生产环保部组织有关单位专家编制火电、水电、新能源、煤炭等系列企业生态环保管理指引手册，2022 年出版发行火电企业指引手册，2023 年组织编写完成了水电、新能源、煤炭生态环保管理指引手册。

　　本手册为《水电企业生态环境保护管理指导手册》，主要依据国家法律法规和行业环保管理标准，结合水电企业产业特点，提出了水电企业环境保护管理内容及执行标准要求，为基层水电企业负责人和环保管理人员提供了管理依据，也为新上岗的环保工作人员快速掌握国家和行业环保管理要求提供了工作指导。

由于时间仓促，本手册尚有诸多不完善之处，在试行过程中希望收到企业使用者更好的意见和建议，编委会将进一步修改完善。

中国华能集团有限公司生产环保部

2023 年 12 月

1. 本手册引用的国家政策法规文件均截至 2023 年 11 月 30 日，后续国家更新的政策法规文件，需要各单位每年进行制度合规性评价，及时更新修正。

2. 地方性法律法规及标准需要各使用单位补充完善。

3. 本手册编制的工作流程均是通用版，根据国家"放管服"政策，国家行业主管部门对部分审批权限进行了调整，请使用单位根据当地规定进行修订。

目录

第一章　法律与制度

2021 年 11 月，《中共中央国务院关于深入打好污染防治攻坚战的意见》（2021 年第 32 号）进一步明确国家进入新发展阶段，深入打好污染防治攻坚战，需要着力解决思想认识不够深、治理能力不够强、改善水平不够高、工作成效不够稳、治理范围不够广等不足和短板，推动在重点区域、重点领域、关键指标上实现新突破。因此，企业环保管理顶层制度应从组织体系、制度体系、监督体系、考核奖惩四个方面全面落实企业生态环保"党政同责""一岗双责"要求，全面做好水电企业的环境保护工作。

一、法律法规与制度建设

1. 国家环保法律法规

环境保护是我国的一项基本国策，《中华人民共和国环境保护法》已列入国家宪法，环境保护坚持保护优先、预防为主、综合治理、公众参与、损害担责的原则。一切单位和个人都有保护环境的义务。

以下汇总的国家环保法律法规，可在中华人民共和国生态环境部官网上查询，企业执行的法律法规不限于以下汇总。

（1）国家环保法律法规。

● 《中华人民共和国环境保护法》（2014 年 4 月 24 日修订）；

● 《中华人民共和国水土保持法》（2010 年 12 月 25 日修订）；

● 《中华人民共和国水法》（2016 年 7 月 2 日修订）；

● 《中华人民共和国长江保护法》（2020 年 12 月 26 日）；

● 《中华人民共和国青藏高原生态保护法》（2023 年 4 月 26 日）；

● 《中华人民共和国草原法》（2021 年 4 月 29 日修订）；

● 《中华人民共和国可再生能源法》（2009 年 12 月 26 日修订）；

● 《中华人民共和国节约能源法》（2018 年 10 月 26 日修订）；

● 《中华人民共和国大气污染防治法》（2018 年 10 月 26 日修订）；

● 《中华人民共和国水污染防治法》（2017 年 6 月 27 日修订）；

● 《中华人民共和国土壤污染防治法》（2018 年 8 月 31 日）；

● 《中华人民共和国噪声污染防治法》（2021 年 12 月 24 日）；

● 《中华人民共和国固体废物污染环境防治法》（2020 年 4 月 29 日修订）；

● 《中华人民共和国环境保护税法》（2018 年 10 月 26 日修订）；

● 《中华人民共和国资源税法》（2019 年 8 月 26 日）；

● 《中华人民共和国渔业法》（2013 年 12 月 28 日修订）；

● 《中华人民共和国野生动物保护法》（2022 年 12 月 30 日修订）；

● 《中华人民共和国森林法》（2019 年 12 月 28 日修订）；

● 《中华人民共和国湿地保护法》（2021 年 12 月 24 日）；

● 《中华人民共和国土地管理法》（2019 年 8 月 26 日修订）；

● 《中华人民共和国突发事件应对法》（2007 年 8 月 30 日）；

● 《中华人民共和国环境影响评价法》（2018 年 12 月 29 日修订）；

● 《中华人民共和国清洁生产促进法》（2012 年 2 月 29 日修订）；

● 《中华人民共和国道路交通安全法》（2021 年 4 月 29 日修订）；

● 《中华人民共和国职业病防治法》（2018 年 12 月 29 日修订）；

《国务院关于环境保护若干重要问题的决议》（国发〔1996〕31 号）；

● 《中华人民共和国环境保护税法实施条例》（2017）（国务院令第 693 号）；

● 《长江流域水生态考核指标评分细则（试行）》（环办水体〔2023〕10 号）；

● 《长江河道采砂管理条例》（2023 修订）（国务院令第 320 号）；

● 《地下水管理条例》（2021）（国务院令第 748 号）；

● 《排污许可管理条例》（2020）（国务院令第 736 号）；

● 《中华人民共和国自然保护区条例》（2017 修订）（国务院令第 167 号）；

● 《中华人民共和国风景名胜区条例》（2016 修订）（国务院令第 666 号）；

● 《中华人民共和国水生野生动物保护实施条例》（2013 修订）（国务院令第 645 号）；

● 《中华人民共和国陆生野生动物保护实施条例》（2016 修订）（国务院令第 666 号）；

● 《中华人民共和国森林法实施条例》（2018 修订）（国务院令第 698 号）；

● 《城市绿化条例》（2017 修订）（国务院令第 676 号）；

● 《中华人民共和国水土保持法实施条例》（2011 修订）（国务院令第 588 号）；

● 《城镇排水与污水处理条例》（2013）（国务院令第 641 号）；

● 《自然保护区土地管理办法》（国家土地管理局 国家环境保护局〔1955〕国土〔法〕字第 117 号）；

● 《中华人民共和国水生动植物自然保护区管理办法》（2014 修订）（农业部令第 24 号）；

● 《中华人民共和国野生植物保护条例》（2017 修订）（国务院令第 204 号）；

● 《建设项目环境影响评价分类管理名录》（2021 年版）（2020 修订）（生态环境部令第 16 号）；

● 《建设项目环境保护管理条例》（2017 修订）（国务院令第 253 号）；

● 《建设项目环境影响登记表备案管理办法》（2016）（环境保护部令第 41 号）；

● 《建设项目环境影响后评价管理办法（试行）》（2015）（环境保护部令第 37 号）；

●《建设项目环境影响报告表编制技术指南（污染影响类）（试行）》（环办环评〔2020〕33号）；

●《建设项目环境影响报告表编制技术指南（生态影响类）（试行）》（环办环评〔2020〕33号）；

●《建设项目环境影响报告书（表）编制监督管理办法》（2019）（生态环境部令第9号）；

●《建设项目竣工环境保护验收暂行办法》（国环规环评〔2017〕4号）；

●《污染影响类建设项目重大变动清单（试行）》（环办环评函〔2020〕688号）；

●《关于进一步加强水生生物资源保护严格环境影响评价管理的通知》（环发〔2013〕86号）；

●《关于加强长江水生生物保护工作的意见》（国办发〔2018〕95号）；

●《关于进一步加强水电建设环境保护工作的通知》（环办〔2012〕4号）；

●《生产建设项目水土保持方案管理办法》（2023）（水利部令第53号）；

●《水利部生产建设项目水土保持方案变更管理规定（试行）》（办水保〔2016〕65号）；

●《水利部关于加强事中事后监管规范生产建设项目水土保持设施自主验收的通知》（水保〔2017〕365号）；

●《生态环境统计管理办法》（2022）（生态环境部令第29号）；

●《生态环境行政处罚办法》（2023）（生态环境部令第30号）；

●《国家危险废物名录》（2021年版）（生态环境部　国家发展和

改革委员会公安部交通运输部国家卫生健康委员会令第 15 号）；

● 《危险废物经营许可证管理办法》（国务院令第 408 号）；

● 《危险废物转移管理办法》（2013 修订）（生态环境部公安部交通运输部令第 23 号）；

● 《危险化学品重大危险源监督管理暂行规定》（2015 修订）（国家安全生产监督管理总局令第 40 号）；

● 《危险化学品环境管理登记办法（试行）》（2012）（环境保护部令第 22 号）；

● 《废弃危险化学品污染环境防治办法》（2005）（国家环境保护总局令第 27 号）；

● 《危险化学品安全管理条例》（2011 修订）（国务院令第 591 号）；

● 《危险废物转移管理办法》（2021）（生态环境部公安部交通运输部令第 23 号）；

● 《危险废物产生单位管理计划制定指南》（环境保护部公告 2016 年第 7 号）；

● 《危险废物经营单位编制应急预案指南》（国家环保总局公告 2007 年第 48 号）；

● 《污染源自动监控管理办法》（2005）（国家环境保护总局令第 28 号）；

● 《全国污染源普查条例》（2019 修订）（国务院令第 508 号）；

● 《电子废物污染环境防治管理办法》（2007）（国家环境保护总局令第 40 号）；

● 《一般工业固体废物管理台账制定指南（试行）》（公告 2021 年第 82 号）；

● 《环境监测管理办法》（2007）（环保总局令第 39 号）；

● 《取水许可和水资源费征收管理条例》（2017 修订）（国务院令第 460 号）；

● 《水污染防治行动计划》（国发〔2015〕17 号）；

● 《排污口规范化整治技术要求（试行）》（环监〔1996〕470 号）；

● 《清洁生产审核办法》（2016 修订）（国家发展和改革委员会环境保护部令第 38 号）；

● 《突发环境事件应急管理办法》（2015）（环境保护部令第 34 号）；

● 《企业事业单位突发环境事件应急预案备案管理办法（试行）》（环发〔2015〕4 号）；

● 《环境信息公开办法（试行）》（2007）《国家环境保护总局令第 35 号》；

● 《企业环境信息依法披露管理办法》（2021）（生态环境部令第 24 号）；

● 《企业突发环境事件隐患排查和治理工作指南（试行）》（环境保护部公告 2016 年第 74 号）；

● 《公共企事业单位信息公开规定制定办法》（国办发〔2020〕50 号）；

● 《中央企业节约能源与生态环境保护监督管理办法》（2022）（国务院国有资产监督管理委员会令第 41 号）；

● 《中央生态环境保护督察工作规定》（中共中央办公厅国务院办公厅印发 2019 年 6 月 6 日起施行）；

● 《生态保护红线生态环境监督办法（试行）》（国环规生态〔2022〕2 号）；

● 《水和废水监测分析方法》（第四版增补版）国家环境保护总局

（2002 年）；

● 《饮用水水源保护区污染防治管理规定》（国家环境保护局卫生部建设部水利部地矿〔89〕环管字第 201 号）；

● 《中国水生生物资源养护行动纲要》（国务院 2006 年 02 月 14 日）（国发〔2006〕9 号）；

● 《水生生物增殖放流管理规定》（2009）（农业部令第 20 号）；

● 《水产苗种管理办法》（2001）（农业部令第 4 号）；

● 《关于进一步加强水生生物资源保护 严格环境影响评价管理的通知》（环发〔2013〕86 号）；

● 《关于进一步完善建设项目环境保护"三同时"及竣工环境保护自主验收监管工作机制的意见》（环执法〔2021〕70 号）；

● 《水产种质资源保护区管理办法》（2016 修订）（农业部令第 3 号）；

● 《中国生物多样性保护战略与行动计划》（2011 ～ 2030 年）；

● 《尾矿污染环境防治管理办法》（2022）（生态环境部令第 26 号）；

● 《工作场所职业卫生监督管理规定》（2012）（国家安全生产监督管理总局令第 47 号）；

● 《生活垃圾处理技术指南》（建城〔2010〕61 号）；

● 《中共中央国务院关于深入打好污染防治攻坚战的意见》（2021 年第 32 号）；

● 《关于进一步优化环境影响评价工作的意见》（环评〔2023〕52 号）。

（2）国家及行业标准

● 《地表水环境质量标准》（GB 3838—2002）；

● 《水质　溶解氧的测定　碘量法》（GB 7489—87）；

● 《水质　悬浮物的测定　重量法》（GB 11901—89）；

- 《水质　总磷的测定　钼酸铵分光光度法》（GB 11893—89）；
- 《水质　阴离子表面活性剂的测定　亚甲蓝分光光度法》（GB 7494—87）；
- 《危险货物品名表》（GB 12268—2012）；
- 《危险化学品仓库储存通则》（GB 15603—2022）；
- 《化学品分类和危险性公示通则》（GB 13690—2009）；
- 《危险化学品重大危险源辨识》（GB 18218—2018）；
- 《危险废物贮存污染控制标准》（GB 18597—2023）；
- 《危险废物填埋污染控制标准》（GB 18598—2019）；
- 《危险废物鉴别标准 通则》（GB 5085.7—2019）；
- 《危险废物焚烧污染控制标准》（GB 18484—2020）；
- 《生活垃圾焚烧污染控制标准》（GB 18485—2014）；
- 《环境保护图形标志—排放口（源）》（GB 15562.1—1995）；
- 《环境保护图形标志—固体废物贮存（处置）场》（GB 15562.2—1995）；
- 《恶臭污染物排放标准》（GB 14554—93）；
- 《大气污染物综合排放标准》（GB 16297—1996）；
- 《污水综合排放标准》（GB 8978—1996）；
- 《一般工业固体废物贮存和填埋污染控制标准》（GB 18599—2020）；
- 《土壤环境质量建设用地土壤污染风险管控标准（试行）》（GB 36600—2018）；
- 《声环境质量标准》（GB 3096—2008）；
- 《电磁环境控制限值》（GB 8702—2014）；

- 《生产建设项目水土保持技术标准》（GB 50433—2018）；

- 《园林绿化工程项目规范》（GB 55014—2021）；

- 《尾矿库安全规程》（GB 39496—2020）；

- 《生产建设项目水土保持监测与评价标准》（GB 51240—2018）；

- 《中华人民共和国固体废物污染环境控制标准》（GB 16889—2008）；

- 《建筑施工场界环境噪声排放标准》（GB 12523—2011）；

- 《城市污水再生利用　城市杂用水水质》（GB/T 18920—2020）；

- 《生活饮用水标准检验方法》（GB/T 5750—2023）；

- 《生活饮用水标准检验方法》（GB/T 5750.4—2023）；

- 《生活饮用水标准检验方法》（GB/T 5750.5—2023）；

- 《生活饮用水标准检验方法》（GB/T 5750.6—2023）；

- 《生活饮用水标准检验方法》（GB/T 5750.12—2023）；

- 《用于水泥和混凝土中的粉煤灰》（GB/T 1596—2017）；

- 《生活垃圾卫生填埋场环境监测技术要求》（GB/T 18772—2017）；

- 《污水排入城镇下水道水质标准》（GB/T 31962—2015）；

- 《生产建设项目水土流失防治标准》（GB/T 50434—2018）；

- 《绿化植物废弃物处置和应用技术规程》（GB/T 31755—2015）；

- 《高压开关设备和控制设备中六氟化硫（SF_6）的使用和处理》（GB/T 28537—2012）；

- 《地下水质量标准》（GB/T 14848—2017）；

- 《地下水监测工程技术规范》（GB/T 51040—2014）；

- 《建设项目水资源论证导则》（GB/T 35580—2017）；

- 《水土保持工程调查与勘测标准》（GB/T 51297—2018）；

● 《工作场所职业病危害警示标识》（GBZ 158—2003）；

● 《生物接触氧化法污水处理工程技术规范》（HJ 2009—2011）；

● 《膜分离法污水处理工程技术规范》（HJ 579—2010）；

● 《水质　采样技术指导》（HJ 494—2009）；

● 《水质　采样方案设计技术规定》（HJ 495—2009）；

● 《水质　pH 值的测定　电极法》（HJ 1147—2020）；

● 《水质　五日生化需氧量（BOD_5）的测定　稀释与接种法》（HJ 505—2009）；

● 《水质　游离氯和总氯的测定 N，N- 二乙基 -1，4- 苯二胺分光光度法》（HJ 586—2010）；

● 《水质　可溶性阳离子（Li^+、Na^+、NH_4^+、K^+、Ca^{2+}、Mg^{2+}）的测定　离子色谱法》（HJ 812—2016）；

● 《水质　石油类和动植物油类的测定　红外分光光度法》（HJ 637—2018）；

● 《水质　色度的测定 稀释倍数法》（HJ 1182—2021）；

● 《水质　无机阴离子（F^-、Cl^-、NO_2^-、Br^-、NO_3^-、PO_4^{3-}、SO_3^{2-}、SO_4^{2-}）的测定　离子色谱法》（HJ 84—2016）；

● 《水质　化学需氧量的测定　重铬酸盐法》（HJ 828—2017）；

● 《水质　总氮的测定　碱性过硫酸钾消解紫外分光光度法》（HJ 636—2012）；

● 《水质　粪大肠菌群的测定　多管发酵法》（HJ 347.2—2018）；

● 《水生态监测技术指南　河流水生生物监测与评价（试行）》（HJ 1295—2023）；

● 《地表水环境质量监测点位编码规则》（HJ 1291—2023）；

- 《地表水自动监测技术规范（试行）》（HJ 915—2017）；
- 《地表水环境质量监测技术规范》（HJ 91.2—2022）；
- 《危险废物收集、贮存、运输技术规范》（HJ 2025—2012）；
- 《生活垃圾焚烧飞灰污染控制技术规范（试行）》（HJ 1134—2020）；
- 《污水过滤处理工程技术规范》（HJ 2008—2010）；
- 《排污单位自行监测技术指南　总则》（HJ 819—2017）；
- 《排污单位环境管理台账及排污许可证执行报告技术规范　总则（试行）》（HJ 944—2018）；
- 《固体废物处理处置工程技术导则》（HJ 2035—2013）；
- 《建设项目环境影响评价技术导则　总纲》（HJ 2.1—2016）；
- 《建设项目竣工环境保护验收技术规范　水利水电》（HJ 464—2009）；
- 《建设项目环境风险评价技术导则》（HJ 169—2018）；
- 《环境影响评价技术导则　地表水环境》（HJ 2.3—2018）；
- 《环境影响评价技术导则　地下水环境》（HJ 610—2016）；
- 《环境影响评价技术导则　输变电》（HJ 24—2020）；
- 《环境影响评价技术导则　声环境》（HJ 2.4—2021）；
- 《环境影响评价技术导则　大气环境》（HJ 2.2—2018）；
- 《生物多样性观测技术导则》（HJ 710—2014）；
- 《地下水环境监测技术规范》（HJ 164—2020）；
- 《环境空气质量指数（AQI）技术规定（试行）》（HJ 633—2012）；
- 《废矿物油回收利用污染控制技术规范》（HJ 607—2011）；

- 《企业突发环境事件风险分级方法》（HJ 941—2018）；

- 《企业环境报告书编制导则》（HJ 617—2011）；

- 《污水监测技术规范》（HJ 91.1—2019）；

- 《水污染物排放总量监测技术规范》（HJ/T 92—2002）；

- 《环境影响评价技术导则 水利水电工程》（HJ/T 88—2003）；

- 《地表水和污水监测技术规范》（HJ/T 91—2002）；

- 《土地复垦质量控制标准》（TD/T 1036—2013）；

- 《水电工程集运鱼系统设计规范》（NB/T 10862—2021）；

- 《水电工程升鱼机设计规范》（NB/T 10863—2021）；

- 《水电工程鱼类增殖放流站运行规程》（NB/T 10610—2021）；

- 《水电工程水库库底清理设计规范》（NB/T 10803—2021）

- 《水电建设项目水土保持技术规范》（NB/T 10509—2021）；

- 《水电工程水土保持设计规范》（NB/T 10344—2019）；

- 《水电工程水温计算规范》（NB/T 35094—2017）；

- 《水电工程水温实时监测系统技术规范》（NB/T 10386—2020）；

- 《水电工程珍稀濒危植物及古树名木保护设计规范》（NB/T 10487—2021）；

- 《水电工程水土保持监测技术规程》（NB/T 10506—2021）；

- 《水电工程过鱼设施设计规范》（NB/T 35054—2015）；

- 《水电工程水土保持生态修复技术规范》（NB/T 10510—2021）；

- 《水电站分层取水进水口设计规范》（NB/T 35053—2015）；

- 《水电工程生态流量计算规范》（NB/T 35091—2016）；

- 《河流水生生物栖息地保护技术规范》（NB/T 10485—2021）；

- 《水电工程环境影响评价规范》（NB/T 10347—2019）；

- 《水电工程陆生生态调查与评价技术规范》（NB/T 10080—2018）；
- 《地表水资源质量评价技术规程》（SL 395—2007）；
- 《水环境监测规范》（SL 219—2013）；
- 《内陆水域浮游植物监测技术规程》（SL 733—2016）；
- 《水利水电工程鱼道设计导则》（SL 609—2013）；
- 《水库生态流量泄放规程》（SL/T 819—2023）；
- 《内陆水域人工鱼巢建设技术规范》（DB33/T 2313—2021）
- 《电力行业劳动环境监测技术规范　第 3 部分：生产性噪声监测》（DL/T 799.3—2010）；
- 《电力行业劳动环境监测技术规范　第 7 部分：工频电场、磁场监测》（DL/T 799.7—2010）；

《生产安全事故应急演练基本规范》（AQ/T 9007—2019）；

《园林绿化养护标准》（CJJ/T 287—2018）。

2. 地方性环境保护行政法规

基层企业应补充所在省级（含自治区）、地市、县级发布的环保政策和要求。

格式为：文件名称（文号）和有关必须要执行的要求。

3. 集团公司环保管理制度

- 《中国华能集团有限公司生态环境保护管理办法》；
- 《中国华能集团有限公司生态环境保护及污染物防治攻坚工作责任追究办法》；
- 《中国华能集团有限公司环保先进单位评选办法》；

● 《中国华能集团有限公司电力生产管理考核办法》；
● 《中国华能集团有限公司污染防治攻坚实施方案》；
● 《中国华能集团有限公司电力生产资本性支出项目管理办法》；
● 《中国华能集团公司科学技术工作管理规定》；
● 《中国华能集团有限公司舆情管理细则》。

4．区域分公司环保管理制度

区域分公司应补充所在区域分公司发布的环保管理制度。

格式为：文件名称和有关必须要执行的要求。

二、环水保管理体系

1．机构组成

企业应按《中国华能集团有限公司生态环境保护管理办法》等要求，明确以企业领导为第一责任人的、与企业生产经营相适应的节约能源与生态环境保护监督管理机构，明确责任部门和责任人，定期开展习近平生态文明思想和国家生态环保工作部署要求学习，及时开展国家新出台的环保法律法规宣贯与学习，提升全员意识，加强环境保护专业能力提升，实行环境保护目标责任制，主要指标定量考核，持续开展生态环保风险排查与整改，确保环保管理和指标双领先。

2．部门职责

根据企业机构设置情况，明确各部门职责，落实责任。

三、企业制度

1．环保管理办法

（1）环保管理办法。

企业是生态环境保护责任主体。应建立健全节约能源与生态环境保护组织管理、统计监测和考核奖惩体系，要严格实行党政同责、一岗双责，按照管发展、管生产、管业务必须管生态环境保护的要求，将生态环境保护工作贯穿生产经营的全过程。

（2）标准和要求。

企业应建立完善的环保管理制度，明确各级管理人员和员工的环保职责，确保环保工作得到全面落实。企业应定期开展环保培训，提高员工环保意识，使其了解环保法规和企业环保标准，掌握环保操作技能。企业应建立定期环保检查制度，对生产过程和设施设备进行全面检查，及时发现并整改环保问题。企业应设立环保奖惩制度，对在环保工作中表现优秀的员工给予奖励，对违反环保规定的员工进行处罚。

企业应制定各项环保管理制度，包括环境保护管理、生产过程污染物的控制、监测和排放管理制度等，确保各项环保工作的规范化。防止和减少废水排放，加强固体废弃物管理，严格执行环保法律法规，加强环保设施建设和维护，加强环境风险防控，加强环保宣传与培训等。企业要高度重视环保管理工作，采取切实有效的措施，确保企业的生产活动符合环保要求，保护好周边环境。

2．监督与考核

（1）企业内部监督与考核；

（2）环保管理标准化企业创建；

（3）环保优秀（先进）企业评选；

（4）环保先进个人评选。

3．重大环保风险隐患排查与闭环管理

建立企业环保风险常态化管理制度，建立企业环保风险台账，落实责任部门，实现环保风险闭环管理。企业应建立从上到下的生态环保风险隐患常态化管理机制，按照集团公司风险管理要求，每月在综合统计系统中填报本单位环保风险情况，责任部门要坚持问题导向，实现早发现、早整改的隐患常态化管理目标。

第二章　项目前期环水保管理

一、项目规划符合性

1．流域水电规划及规划环评

（1）分析规划方案与相关法律、法规、政策及上层位规划、同层位规划、功能区划、"三线一单"等的符合性和协调性，明确在空间布局、资源保护与利用、生态环境保护、污染防治、风险防范要求等方面的冲突和矛盾。

（2）综合规划与各专业规划或专项规划之间在目标、任务、规模等方面的冲突和矛盾，开展规划环境影响评价。

（3）组织编制能源、水利等有关专项规划，应当在该专项规划草案上报审批前，组织进行环境影响评价，并向审批该专项规划的政府部门提交环境影响报告书。

2．重点区域识别

（1）生态环境敏感区。

指依法设立的各级各类保护区域和对规划实施产生的环境影响特别敏感的区域，主要包括生态保护红线范围内或者其外的下列区域：国家公园、自然保护区、风景名胜区、世界文化和自然遗产地、海洋特别保护区、饮用水水源保护区。

根据建设项目特征和所在区域的环境敏感程度，综合考虑建设项目可能对环境产生的影响，对建设项目的环境影响评价实行分类管理。

（2）功能敏感区。

在建设项目选址选线方面，要求尽量避让功能敏感区，符合自然保护地、世界自然遗产、生态保护红线等管理要求以及国土空间规划、生态环境分区管控要求。功能敏感区主要包括：

1）永久基本农田、基本草原、森林公园、地质公园、重要湿地、天然林、野生动物重要栖息地、重点保护野生植物生长繁殖地、重要水生生物自然产卵场、索饵场、越冬场和洄游通道、天然渔场、水土流失重点预防区、沙化土地封禁保护区、封闭及半封闭海域。

2）以居住、医疗卫生、文化教育、科研、行政办公等为主要功能的区域，以及文物保护单位。

3．生态环境分区管控

（1）生态保护红线。

生态保护红线划定后，只能增加，不能减少，因国家重大基础设施、重大民生保障项目建设等需要调整的，由省级政府组织论证，提出调整方案，经环境保护部（现生态环境部）、国家发展改革委会同有关部门提出审核意见后，报国务院批准。

（2）环境质量底线。

按照"生态功能不降低、面积不减少、性质不改变"的基本要求，实施严格管控。

（3）资源利用上线。

按照自然资源资产"只能增值、不能贬值"的原则，以保障生态安全和提高环境质量为目的，利用自然资源资产负债表，结合自然资源开发管控。

（4）环境准入负面清单。

坚持以提高生态环境质量为核心，以生态保护红线、环境质量底线、资源利用上线为基础，编制环境准入负面清单，构建环境分区管控体系。

二、项目审批工作

1．环境影响评价

（1）环评报告编制。

建设单位可以委托技术单位对其建设项目开展环境影响评价，编制环境影响报告书（表）；建设单位具备环境影响评价技术能力的，可以自行对其建设项目开展环境影响评价，编制环境影响报告书（表）。

（2）环评批复取得。

在进行环境影响评价过程中，经过专业评估机构对项目的环境影响进行评估，根据我国《中华人民共和国环境影响评价法》（2018年12月29日修订）的规定，环境影响评价批复应在项目建设前取得。

（3）环评变动批复。

建设项目的环境影响报告书（表）经批准后，建设项目的性质、规模、地点，以及采用的生产工艺或者防治污染、防止生态破坏的措施发生重大变动的，建设单位应当在发生重大变动的建设内容开工建设前重新将环境影响报告书（表）报原审批单位审批。

2．水土保持前期工作

（1）水土保持方案编制。

水土保持方案分为报告书和报告表。水土保持方案应当包括水土流失预防和治理的范围、目标、措施和投资等内容。

（2）水保批复取得。

水土保持方案实行分级审批。

（3）水保变更批复。

水土保持方案经批准后，生产建设项目地点、规模发生重大变化，生产建设单位应当补充或者修改水土保持方案，报原审批单位审批，参照水利部办公厅关于印发《水利部生产建设项目水土保持方案变更管理规定（试行）》（办水保〔2016〕65号）要求。

3．环水保专项手续

（1）生态环境敏感区评估批复。

根据建设项目特点和涉及的环境敏感区类别，确定专项评价的类别，确有必要的可根据建设项目环境影响程度等实际情况适当调整。

（2）生态红线评估批复。

环境影响报告书、环境影响报告表应当就建设项目对环境敏感区的影响做重点分析。

（3）河道管理范围确认。

涉河建设项目建设单位应当经有关水行政主管部门对该工程设施建设的位置和界限核准后，方可开工建设；施工时，应当按照水行政主管部门核准位置和界限进行。

（4）渣场选址意见批复。

4级及以上弃渣场应进行勘察。对于水电工程，应按照行业规范要求开展弃渣场选址及多方案比选论证，堆渣量超300万立方米或最大堆渣高度超100米的弃渣场应进行专门论证。

（5）其他（压覆矿、军事、文物等）。

按照相关部门管理要求执行。如压覆重要矿产资源的审查：用地预审阶段，不再对单独选址的审批类建设项目是否压覆重要矿产资源进行审查。其他按照相关部门管理要求执行。

第三章 建设阶段环水保管理

一、工程建设阶段

1．环保管理

（1）设计、监理、监测、建设过程资料。

水电工程设计、建设阶段产生的以下环保过程资料需要收集、归档留存。

1）设计基础资料：水文、水质、泥沙、气象等环保设计基础材料。

2）设计资料：环境影响报告、专项设计报告及其审查意见和批复、咨询意见，备案登记材料；建设项目实施过程中的设计变更资料和变更审批文件。

3）监理资料：监理大纲、规划、实施细则、通知单及回复文件、纪要、月报、年报、控制文件等；环境保护措施执行检查记录及分析评价；专项环境保护检（监）测记录及报告、往来文函、会议纪要等。

4）监测资料：监测方案、审查意见及批复、监测报告。

5）建设单位资料：

①环保工程管理文件，主要包括招投标文件、合同、协议，项目开工审批、施工组织设计及审查文件，项目检查报告及整改验收资料等。

②环保工程施工文件，主要包括开工报告、施工组织设计、作业指导书、方案（措施）及交底；原材料及构件质量证明文件、复检报告、现场检验报告、跟踪记录台账，施工记录、性能测试及试验记录，施工测量、观测、检测、校验等记录及报告，缺陷处理记录、隐蔽工程验收记录、中间验收及交工验收签证、质量验收、控制文件核查表、竣工报

告、竣工验收记录、质量评价文件等。

③环保科研项目文件，主要包括开题报告、任务书、批准书、合同、协议，研究方案、计划、调查研究报告，试验记录、图表、照片，实验分析、计算、整理数据，实验装置及特殊设备图纸、工艺、技术规范、说明书，实验装置操作规程、安全措施、事故分析，阶段报告、科研报告、技术鉴定，成果申报、鉴定、审批及推广应用材料，考察报告、重要课题研究报告等。

④环保管理常规文件（参照文书档案归档要求执行）。

（2）环评报告变动批复。

1）管理范围。

适用于水电建设项目的环境影响评价文件经批准后，建设项目的性质、规模、地点、采用的生产工艺或者防治污染、防止生态破坏的措施发生重大变动的，建设单位应当重新报批建设项目的环境影响评价文件。

2）风险点。

①环境影响报告书、环境影响报告表未依法报请重新审核，擅自开工建设，被生态环境主管部门处罚。

②环境影响报告书、环境影响报告表未重新审核同意，擅自开工，被生态环境主管部门处罚。

3）标准和要求。

①按照《中华人民共和国环境影响评价法》第31条要求，建设单位未报请重新审核环境影响报告书、报告表，擅自开工建设的，由县级以上生态环境主管部门责令停止建设，根据违法情节和危害后果，处建设项目总投资额百分之一以上百分之五以下的罚款，并可以责令恢复原

状。对建设单位直接负责的主管人员和其他直接责任人员，依法给予行政处分。

②建设项目环境影响报告书、报告表未经原审批部门重新审核同意，建设单位擅自开工建设的，依照前款的规定处罚、处分。

2．水保管理

（1）设计、监理、监测、建设过程资料。

水电工程设计、建设阶段产生的以下水保过程资料需要收集、归档留存。

1）设计基础资料：水文、地质等水保设计基础材料。

2）设计资料：水土保持方案报告书、设计资料及其审查意见和批复、备案登记材料；建设项目实施过程中的设计变更资料和变更审批文件。

3）监理资料：监理大纲、规划、实施细则、通知单及回复文件、纪要、月报、年报、控制文件等；水土保持措施执行检查记录及分析评价；专项水土保持检（监）测记录及报告、往来文函、会议纪要等。

4）监测资料：监测方案、审查意见及批复、监测报告。

5）建设单位资料：

①水保项目管理文件，主要包括招投标文件、合同、协议，项目开工审批、施工组织设计及审查文件，项目检查报告及整改验收资料。

②水保项目施工文件，主要包括开工报告、施工组织设计、作业指导书、方案（措施）及交底；原材料及构件质量证明文件、复检报告、现场检验报告、跟踪记录台账设计更改文件、施工记录、性能测试及试验记录，施工测量、观测、检测、校验等记录及报告，缺陷处理记录、

隐蔽工程验收记录、中间验收及交工验收签证、质量验收、控制文件核查表、竣工报告、竣工验收记录、质量评价文件等。

③水保管理常规文件（参照文书档案归档要求执行）。

（2）水土保持方案变动批复。

1）管理范围。

适用于水电建设项目的水土保持方案经批准后，工程建设发生变化需要补充或者修改水土保持方案，报原审批政府部门审批的情况。涉及水土保持方案变更的具体情形详见《生产建设项目水土保持方案管理办法》（2023）（水利部令第53号）第16、17、18条。

2）风险点。

①生产建设项目的地点、规模发生重大变化，未补充、修改水土保持方案或者补充、修改的水土保持方案未经原审批政府部门批准，被水行政主管部门处罚。

②水土保持方案实施过程中，未经原审批政府部门批准，对水土保持措施作出重大变更，被水行政主管部门处罚。

3）标准和要求。

①按照《中华人民共和国水土保持法》第53条要求，生产建设项目的地点、规模发生重大变化，未补充、修改水土保持方案或者补充、修改的水土保持方案未经原审批政府部门批准的，由县级以上人民政府水行政主管部门责令停止违法行为，限期补办手续；逾期不补办手续的，处五万元以上五十万元以下的罚款；对生产建设单位直接负责的主管人员和其他直接责任人员依法给予处分。

②水土保持方案实施过程中，未经原审批政府部门批准，对水土保持措施作出重大变更的，依照前款的规定处罚、处分。

二、施工现场环水保措施

1．水环境保护

（1）管理范围。

适用于水电站施工期的砂石系统、混凝土拌和及制冷系统、机修汽修及保养系统废水处理，生产生活区生活污水、含油废水处理，水库库底卫生清理等水环境保护。

（2）存在环保风险点。

1）水环境保护设施和措施未与主体工程同时设计、同时施工、同时投产使用，不符合环保"三同时"原则。未按环评报告及批复文件要求开展水质监测。

2）废污水处理设施建设不符合规程规范及环评文件要求。废水处理设施未按设计要求建设，处理工艺与设计出入较大，池体尺寸严重偏小，设计处理后应回用的废水未设置任何回用装置；施工营地未按设计要求设置污水处理设备，处理达不到要求等。

3）排污方式不符合规程规范及环评文件要求。利用渗井、渗坑、裂隙、溶洞，私设暗管，将未经处理的废水直接排放到附近水体中；在饮用水水源保护区内设置排污口，或未经水行政主管部门或者流域管理机构同意，在江河、湖泊新建、改建、扩建排污口；未按要求将污水管接入允许排放水域，而直接在不允许设置排污口的水域进行排放等。

4）污废水处理设施维护运行不到位，处理效果不符合规程规范及环评文件要求。不正常运行水污染防治设施向水体排放污染物；进水管、截水沟、沉淀池等设施损坏，未及时修复，影响处理效果；未按要求对化粪池和淤泥进行清理；采用成套设备处理的，出现故障未及时进行维修，废污水得不到处理，或出水水质波动较大，不能稳定达标等。

5）水库库底卫生清理不符合规程规范及环评文件要求。未按要求做好水库库底卫生清理（包括但不限于一般废物的卫生清理、建构筑物清理、林木清理及其他无特殊要求物的清理），或者是在库底清理过程中，未对清理表土进行必要的保存，导致库区水环境污染、工程下闸蓄水延期等。

6）水环境保护日常运行管理记录不详细不规范。

（3）标准及要求。

1）按照《中华人民共和国水污染防治法》第 19 条要求，建设单位在江河、湖泊新建、改建、扩建排污口的，应当取得水行政主管部门或者流域管理机构同意；建设项目的水污染防治设施，应当与主体工程同时设计、同时施工、同时投产使用。水污染防治设施应当符合经批准或者备案的环境影响评价文件的要求。

2）按照《中华人民共和国水污染防治法》第 33、37、38、39、64 条要求，禁止向水体排放有毒有害污废水。禁止向水体排放、倾倒工业废渣、城镇垃圾和其他废弃物。禁止在河流滩地和岸坡堆放、存贮污染物。禁止利用逃避监管的方式排放水污染物。

3）按照《水电工程水库库底清量规范》（DL/T 5381—2007）及环境保护要求，需将水库淹没线以下的所有尾矿渣在水库初期蓄水前全部清理完毕，以减免水库蓄水后可能对河流水质产生的不利影响。

4）按照《建设项目环境保护管理条例》（2017 修订）（国务院令第 253 号）第 16 条要求，建设单位应当将环境保护设施建设纳入施工合同，保证环境保护设施建设进度和资金，并在项目建设过程中同时组织实施环境影响报告书、环境影响报告表及其审批部门审批决定中提出的环境保护对策措施。

5）按照《污水综合排放标准》（GB 8978—1996）第4.1条要求，在《地表水环境质量标准》（GB 3838—2002）中Ⅰ、Ⅱ类水域和Ⅲ类水域中划定的保护区和游泳区，禁止新建排污口，现有排污口应按水体功能要求实行污染物总量控制以保证受纳水体水质符合规定用途的水质标准；排入Ⅲ类水域（划定的保护区和游泳区除外）的污水执行一级标准；排入Ⅳ和Ⅴ类水域的污水执行二级标准。

2. 陆生生态保护

（1）管理范围。

适用于水电站施工期的生态修复、珍稀植物保护，植物群落重建及古树名木保护，动物救助、驱赶和搜救，库周消落带生态治理等陆生生态保护。

（2）存在环保风险点。

1）陆生生态保护设施和措施未与主体工程同时设计、同时施工、同时投产使用，不符合环保"三同时"原则。未按环评报告及批复文件要求开展陆生生态环境监测，或者未保存原始监测记录。

2）植物群落重建及古树名木保护不符合规程规范和环评文件要求。未按要求实施施工迹地植被恢复及生态修复措施；未按要求落实珍稀植物群落重建及古树名木保护、移栽措施；擅自砍伐、转卖、抛弃珍稀植物和古树名木；移栽施工不规范，移栽过程环境管理和监理缺位，导致珍稀植物和古大树在移栽过程中非自然死亡；未落实管理养护人员或单位，树木建档工作不到位，浇水养护、松土等措施不到位，导致移栽后成活率不达标等。

3）生态修复、珍稀植物保护不符合规程规范及环评文件要求。涉及珍稀保护动植物区域未落实陆生生态恢复、补偿、重建、复绿复耕等保护措施；植被恢复措施不符合设计要求；施工迹地覆土（土质、覆土厚度）不满足植被生长需求，恢复植物、密度不符合环评或设计要求，后期管养维护不到位等。

4）动物救助、驱赶和搜救不符合规程规范及环评文件要求。未按环评要求在施工期和蓄水前开展动物驱赶和搜救工作；没有按环评和批复要求建设动物救护站，或救护站的硬件配置、运行管理和人员资金投入不能满足动物救护功能要求等。

5）库周消落带生态治理措施（植被恢复、消落带湿地保护恢复等）不符合规程规范及环评文件要求。

6）陆生生态保护日常运行管理记录不详细、不规范。

（3）标准及要求。

1）按照《中华人民共和国水污染防治法》第 29 条要求，从事开发建设活动，应当采取有效措施，维护流域生态环境功能，严守生态保护红线。

2）风景名胜区内的水电建设项目生态环境保护、污染防治和水土保持按照《中华人民共和国风景名胜区条例》（2016 修订）（国务院令第 666 号）规定执行。

3）按照《自然保护区土地管理办法》（国家土地管理局　国家环境保护局〔1955〕国土〔法〕字第 117 号）第 15、16 条要求，自然保护区内土地的使用，不得违反有关环境和资源保护法律的规定。依法使用自然保护区内土地的单位和个人必须严格按照土地登记和土地证书规定的用途使用土地，并严格遵守有关法律的规定。不得擅自扩大土地使用面积。

4）按照《中华人民共和国森林法》和《中华人民共和国野生植物保护条例》（2017 修订）（国务院令 204 号）对水电站建设淹没区涉及古树和重点保护野生植物（部分）实施抢救性移栽。

3．水生生态保护

（1）管理范围。

适用于水电站施工期的分层取水、过鱼设施建设（升鱼机、集运鱼系统、鱼道、鱼闸等），栖息地保护、网捕过坝、人工鱼巢、增殖放流、生态调度等水生生态保护。

（2）存在环保风险点。

1）水生生态保护设施和措施未与主体工程同时设计、同时施工、同时投产使用，不符合环保"三同时"原则。未按环评报告及批复文件要求开展水生生态环境监测，或者未保存原始监测记录。

2）增殖放流设施建设及运行不符合规程规范和环评文件要求。未按环评要求建设鱼类增殖放流站，或增殖站发生较大的变动未组织论证和报批手续；增殖站运行管理、资金人员投入不到位，影响增殖放流效果等。

3）分层取水设施建设及运行不符合规程规范及环评文件要求。未按环评要求建设分层取水设施，或分层取水设施发生较大的变动未组织论证和报批手续等。

4）过鱼设施建设及运行不符合规程规范与环评文件要求。未按环评要求建设过鱼设施（升鱼机和集运鱼系统、鱼道、鱼闸）或采取网捕过坝等措施；过鱼设施施工进度严重滞后、无法按原设计完成，或过鱼设施发生较大的变动未组织论证和报批手续，影响过鱼效果等。

5）水生生物栖息地建设及运行不符合规程规范及环评文件要求。未按环评要求对干支流的水生生物栖息地采取保护措施（人工鱼巢、产卵场、索饵场等），或栖息地保护措施建设严重滞后；没有及时委托专业单位编制栖息地保护专题设计报告，没有及时报请地方政府划定栖息地保护区；栖息地保护设施运行未落实观测措施，未配备观测仪器设备、观测人员，未制定观测计划等。

6）生态流量及生态调度不符合规程规范和环评文件要求。未按环评要求建设生态流量泄放设施，或生态流量泄放设施发生较大的变动未组织论证和报批手续，无法满足生态流量泄放要求；未落实生态流量的监控措施，未按环评要求建设生态流量监测系统；未制定生态流量泄放的运行调度方案，施工期及初期蓄水运行不满足生态调度方案要求；未落实生态调度运行管理人员和规章制度等。

7）未建立鱼类及其他水生生物保护应急机制。

8）水下施工、爆破等作业时未提前做好水生生物及生态环境相关保护措施。

9）水生生态保护日常运行管理记录不详细、不规范。

（3）标准及要求。

1）按照《中华人民共和国水法》第27条要求，国家鼓励开发、利用水运资源。应按环评及批复要求，建设单位在建设期应当同时修建过鱼、过船、过木设施，或采取其他补救措施。

2）按照《中华人民共和国渔业法》第32、35条要求，进行水下爆破、勘探、施工作业，对渔业资源有严重影响的，作业单位应当事先同有关县级以上人民政府渔业行政主管部门协商，采取措施，防止或者减少对渔业资源的损害。

3）按照《中华人民共和国水生动植物自然保护区管理办法》（2014修订）（农业部令第24号）第26、28条要求，对水生动植物自然保护区造成损失的，除可以依照有关法规给予处罚以外，由县级以上人民政府渔业行政主管部门责令限期改正，赔偿损失。造成水生动植物自然保护区重大破坏或污染事故，引起严重后果，构成犯罪的，由司法机关对有关责任人员依法追究刑事责任。

4）按照《河流水生生物栖息地保护技术规范》（NB/T 10485—2021）第1.0.3、1.0.4、3.5条要求，河流水生生物栖息地保护规划应针对河流主要生态环境问题和水生生物种群制约因素，确定栖息地保护与修复目标，经综合比选论证后制定栖息地保护方案，包括产卵场、索饵场、洄游通道、人工鱼礁和人工鱼巢等具体措施。

5）按照《中华人民共和国水生野生动物保护实施条例》（2013修订）（国务院令第645号）第12、15、17、30条要求，禁止捕捉、杀害国家重点保护的水生野生动物。为驯养繁殖国家重点保护的水生野生动物，必须从自然水域或者场所获取种源，确需捕捉国家重点保护的水生野生动物的，必须申请特许捕捉证、驯养繁殖许可证。

6）按照《建设项目水资源论证导则》（GB/T 35580—2017）和《水电工程生态流量计算规范》（NB/T 35091—2016）要求，水电工程下泄生态流量包括维系水生生态系统基本稳定所需的水生生态需水。生态流量泄放应满足环评及批复要求。

7）按照《水生生物增殖放流管理规定》（2009）（农业部令第20号）《水产苗种管理办法》（2001）（农业部令第4号）《水

电站分层取水进水口设计规范》（NB/T 35053—2015）和《水电水利建设项目河道生态用水、低温水和过鱼设施环境影响评价技术指南（试行）》有关要求，开展分层取水设施建设和增殖放流工作。

8）按照《关于进一步加强水生生物资源保护严格环境影响评价管理的通知》（环发〔2013〕86号）要求，规划涉及水利、水电、航电等筑坝工程的，应调查洄游性水生生物情况，调查影响区域内漂流性鱼卵的生产和生长习性、调查影响区域内水生生物产卵场等关键栖息场所分布状况，全面评估规划实施对洄游性水生生物和生物种群结构的影响。

4．水土保持措施

（1）管理范围。

项目枢纽区（大坝施工区、水库淹没及影响区、场内交通工程、施工辅助设施、存弃渣场、石料场、未扰动区）、移民安置区（集中安置点、复改建工程）治理。

（2）存在环保风险点。

1）水土保持设施未建设或建设不满足"三同时"的要求。

2）工程建设中未及时落实水土流失防治措施造成水土流失。

3）生产建设活动结束后，未及时在取土场、开挖面和存放地的裸露土地上植树种草、恢复植被，对闭库的尾矿库进行复垦。

4）工程措施防治体系不完善；对水土保持设施的管理与维护不到位，未落实管护责任，导致水土保持设施功能未正常发挥。

5）存弃渣场未采取拦挡、坡面防护、防洪排导等措施或设施不完善，未按水土保持方案及批复文件要求开展安全监测或监测频次不满足要求，导致存弃渣场安全失稳。

6）建设过程中未按水土保持方案及批复文件要求开展水保监测或监测频次不满足要求。

7）建设过程中对所占用土地的地表土未进行分层剥离、保存和利用，未做到土石方挖填平衡，导致地表扰动范围扩大。

8）建设过程中产生的建筑垃圾等固体废弃物未堆放在指定地点，占用河道管理范围，被水行政主管部门处罚。

（3）标准及要求。

1）按照《中华人民共和国水土保持法》第 27 条要求，编制水土保持方案的生产建设项目中的水土保持设施应当满足"三同时"要求，项目竣工应当开展水土保持设施验收，水土保持设施未验收或验收不合格，项目不得投产使用。

2）按照《中华人民共和国水土保持法》第 32 条要求，建设项目造成水流失的，应当进行治理。

3）按照《中华人民共和国水土保持法》第 38 条要求，对生产建设活动所占用土地的地表土应当进行分层剥离、保存和利用，做到土石方挖填平衡，减少地表扰动范围；对废弃的砂、石、土、矸石、尾矿、废渣等存放地，应当采取拦挡、坡面防护、防洪排导等措施。生产建设活动结束后，应当及时在取土场、开挖面和存放地的裸露土地上植树种草、恢复植被，对闭库的尾矿库进行复垦。

4）按照《中华人民共和国水土保持法》第 41 条要求，建设单位应当自行或者委托具备水土保持监测资质的机构，对建设活动造成的水土流失进行监测，并将监测情况定期上报。

5．其他环境污染防治（大气、声、固废危废、土壤等）

（1）管理范围。

1）施工期石料厂、混凝土拌和系统粉尘控制，交通运输、爆破、工程施工开挖扬尘治理，汽车废气、机械燃油废气防治。

2）石料厂、施工区爆破作业、施工作业噪声管理。

3）枢纽区及水库淹没区涉及尾矿渣或其他工业固废、危险废弃物处置。

4）工程建设产生的建筑垃圾、生活垃圾管理。

5）施工区土壤保护与修复。

（2）存在环保风险点。

1）空气质量不达标、噪声超标或未要求开展监测，环境保护行政主管部门将责令限期改正，并处罚金。

2）清库工作不彻底，导致库区水环境污染，环境保护行政主管部门将责令限期改正，并处罚金。

3）工业固废、危险废弃物、建筑垃圾、生活垃圾等固体废弃物处理不满足国家法律法规要求，环境保护行政主管部门将责令限期改正，并处罚金。

4）建设中使用、贮存有毒有害物质的设施未落实污染防控措施，导致有毒有害物质泄露污染土壤。

5）污染物排放超标或污染防治设施未正常运行造成环境污染和生态破坏，被公民或其他组织发现向环境保护主管部门举报。

（3）标准及要求。

1）按照《中华人民共和国环境保护法》第41条要求，建设项目中防治污染的设施应当与主体工程同时设计、同时施工、同时投产使用。防治污染的设施应当符合经批准的环境影响评价文件的要求，不得擅自拆除或者闲置。

2）按照《中华人民共和国大气污染防治法》第 20 条要求，禁止通过篡改或者伪造监测数据、以逃避现场检查为目的的临时停产、不正常运行大气污染防治设施等逃避监管的方式排放大气污染物。

3）按照《中华人民共和国大气污染防治法》第 69、70 条要求，施工单位应当设置硬质围挡，并采取覆盖、分段作业、择时施工、洒水抑尘、冲洗地面和车辆等有效防尘降尘措施。建筑土方、工程渣土、建筑垃圾在场地内堆存的，应当采用密闭式防尘网遮盖。运输车辆应当采取密闭或者其他措施防止物料遗撒造成扬尘污染。

4）按照《中华人民共和国固体废物污染环境防治法》第 20 条要求，建设单位对产生的固体废物应当采取防扬散、防流失、防渗漏或者其他防止污染环境的措施，不得擅自倾倒、堆放、丢弃、遗撒固体废物。禁止向江河、湖泊、渠道、水库及其最高水位线以下的滩地和岸坡，以及法律法规规定的其他地点倾倒、堆放、贮存固体废物。

5）按照《水电工程水库库底清理设计规范》（NB/T 10803—2021）第 2、3、4 章要求，需将水库淹没线以下的所有尾矿渣在水库初期蓄水前全部清理完毕，以减免水库蓄水后可能对水质产生的不利影响。尾矿渣进行清理后对下部土壤进行必要的监测，经县级以上（含县级）环境保护主管部门鉴别后，对环境没有危害的可就地处理。

6）工业固体废弃物需要修建弃渣场处置的，对照《一般工业固体废物贮存、处置场污染控制标准》（GB 18599—2020）开展选址建设。

7）按照《中华人民共和国土壤污染防治法》第 19 条要求，使用、贮存有毒有害物质的单位应当采取有效措施，防止有毒有害物质渗漏、流失、扬散，避免土壤受到污染。

三、项目验收阶段

1．环保管理

（1）验收流程。

建设项目在投产运行前，建设单位应当按照《建设项目竣工环境保护验收暂行办法》（国环规环评〔2017〕4号）第4条要求，组织对配套建设的环境保护设施进行验收，编制验收报告，公开相关信息，接受社会监督，确保建设项目需要配套建设的环境保护设施与主体工程同时投产或者使用，并对验收内容、结论和所公开信息的真实性、准确性和完整性负责，不得在验收过程中弄虚作假。

环境保护设施未经验收或者验收不合格的,建设项目不得投产使用。环境保护验收不合格的具体情形详见《建设项目竣工环境保护验收暂行办法》（国环规环评〔2017〕4号）第8条。

1）阶段验收、分期验收和竣工验收。对于分期建设、分期运行的项目，按照工程实施阶段，可分为蓄水前阶段和发电运行阶段进行验收调查。对于在项目筹建期编制了水通、电通、路通和场地平整"三通一平"工程环境影响报告书的项目，工程运行满足验收工况后，一并进行竣工环境保护验收。

2）验收调查报告编制。建设项目竣工后，建设单位应当如实查验、监测、记载建设项目环境保护设施的建设和调试情况，编制验收调查报告。

3）环境保护设施调试。需要对建设项目配套建设的环境保护设施进行调试的，建设单位应当确保调试期间污染物排放符合国家和地方有关污染物排放标准及排污许可等相关管理规定。环境保护设施未与主体工程同时建成的，或者应当取得排污许可证但未取得的，建设单位不得对该建设项目环境保护设施进行调试。

4）验收监测。调试期间，建设单位应当对环境保护设施运行情况和建设项目对环境的影响进行监测。验收监测应当在确保主体工程调试工况稳定、环境保护设施运行正常的情况下进行，并如实记录监测时的实际工况。建设单位开展验收监测活动，可根据自身条件和能力，利用自有人员、场所和设备自行监测，也可以委托其他有能力的监测机构开展监测。

5）验收期限。验收期限是指自建设项目环境保护设施竣工之日起至建设单位向社会公开验收报告之日止的时间。除需要取得排污许可证的水和大气污染防治设施外，其他环境保护设施的验收期限一般不超过3个月；需要对该类环境保护设施进行调试或者整改的，验收期限可以适当延期，但最长不超过12个月。

6）验收技术工作。水利水电建设项目竣工环境保护验收技术工作分为三个阶段：准备、验收调查、现场验收。

（2）设计、监理、监测、建设的总结报告。

建设项目在竣工验收时，建设单位应编制竣工环境保护建设管理总结，并组织设计、监理、监测单位编制环保实施工作总结、工程竣工环境监理工作总结、监测总结报告。

1）设计总结报告：内容包括但不限于工程概况、环境影响评价、可研阶段环境保护设计内容概述、建设阶段环境保护工作实施情况、环境监测站网建设、专项环保工程阶段验收情况、环境保护投资、结论及建议。

2）环境监理总结报告：内容包括但不限于总则、工程概况、环境管理与监理实施情况、环境保护措施落实情况、环境监理工作总结、后续环保工作建议、环保大事记、附件等。

3）监测报告：监测方案、审查意见及批复、监测报告。

4）建设总结报告：内容包括但不限于概况、环境保护管理、环保设计情况、主要环保措施落实、环境监测、环境监理、环境监督、环保投资、环保工作总体评价、附表、附图等。

（3）竣工验收报告。

水利水电建设项目，依据《建设项目竣工环境保护验收技术规范 水利水电》（HJ 464—2009）编制验收调查报告。建设单位不具备编制验收调查报告能力的，可以委托有能力的技术机构编制。建设单位对受委托的技术机构编制的验收调查报告结论负责。

1）组成内容：分为验收调查报告、验收意见和其他需要说明的事项等。

2）验收调查报告：包括但不限于前言、综述、工程调查、环境影响报告书回顾、环境保护措施落实情况调查、环境影响调查（包括生态、水文情势、污染、社会环境等影响调查）、环境风险事故防范及应急措施调查、环境管理状况及监测计划落实情况调查、公众意见调查、调查结论与建议、附图和附件等。

3）验收意见：验收调查报告编制完成后，建设单位应当根据验收调查报告结论，逐一检查是否存在《建设项目竣工环境保护验收暂行办法》（国环规环评〔2017〕4号）第8条所列验收不合格的情形，提出验收意见。存在问题的，建设单位应当进行整改，整改完成后方可提出验收意见。验收内容主要包括工程建设基本情况、工程变动情况、环境保护设施落实情况、环境保护设施调试效果、工程建设对环境的影响、验收结论和后续要求等。

4）验收结论：验收结论应当明确该建设项目环境保护设施是否验收合格。

5）验收组织：为提高验收的有效性，在提出验收意见的过程中，建设单位可以组织成立验收工作组，采取现场检查、资料查阅、召开验收会议等方式，协助开展验收工作。验收工作组可以由设计单位、施工单位、环境影响报告书编制机构、验收调查报告编制机构等单位代表，以及专业技术专家等组成，代表范围和人数自定。

6）其他需要说明的事项：建设单位在"其他需要说明的事项"中应当如实记载环境保护设施设计、施工和验收过程简况、环境影响报告书及其审批部门审批决定中提出的除环境保护设施外的其他环境保护对策措施的实施情况，以及整改工作情况等。

（4）自主验收信息公开。

除按照国家需要保密的情形外，建设单位应当通过其网站或其他便于公众知晓的方式，向社会公开验收信息。验收信息公开具体要求详见《建设项目竣工环境保护验收暂行办法》（国环规环评〔2017〕4号）第11、13条。

建设单位在公开自主验收信息的同时，应当向所在地县级以上环境保护主管部门报送相关信息，并接受监督检查。

（5）生态环境主管部门验收核查。

按照《关于进一步完善建设项目环境保护"三同时"及竣工环境保

护自主验收监管工作机制的意见》（环执法〔2021〕70号）要求，环境保护行政主管部门以批准的环境影响评价文件、审批文件和工程设计文件为基本要求，对建设项目的环境保护设施和措施进行核查。按照属地负责的原则，设区的市级生态环境部门作为建设项目事中、事后监管的主要责任部门，负责按照合法性检查为主的原则开展建设项目"三同时"及自主验收监管，确保生态环境保护设施与主体工程同时设计、同时施工、同时投产使用，生态环境保护各项措施严格落实，建设单位自主验收工作合法合规。对建设项目验收程序的规范性、内容的完整性、信息公开的合规性，以及政府和有关部门承诺措施的落实情况等事项进行监督检查。

2．水保管理

（1）验收流程。

建设单位是建设项目竣工水土保持验收的责任主体，应当按照《水利部关于加强事中事后监管规范生产建设项目水土保持设施自主验收的通知》（水保〔2017〕365号）《生产建设项目水土保持方案管理办法》（2023）（水利部令第53号）第4章要求，生产建设项目编制水土保持方案报告书的，生产建设单位应组织第三方机构编制水土保持设施验收报告，开展水土保持设施自主验收，形成水土保持设施验收鉴定书，明确水土保持设施验收合格的结论，验收结果向社会公开并报审批水土保持方案的水行政主管部门备案，水行政主管部门应当出具备案回执。

水土保持设施未经验收或者验收不合格的，建设项目不得投产使用。水土保持设施验收不合格的具体情形详见《生产建设项目水土保持方案管理办法》（2023）（水利部令第53号）第23条。

（2）设计、监理、监测、建设的总结报告。

建设项目在竣工验收时，建设单位应编制水土保持工作管理总结，并组织设计、监理、监测单位编制水土保持方案实施工作总结、水土保持监理总结报告、监测总结报告以及渣场稳定性评估报告。

1）设计总结报告内容包括但不限于：前言、工程概况、可研阶段水土保持设计内容概述、建设阶段水土保持工作实施情况、水土保持监测、专项水保工程阶段验收情况、水土保持投资、结论及建议。

2）水土保持监理总结报告内容包括但不限于：前言、工程概况、监理规划、监理过程、监理效果、监理经验与建议、水保大事记、附件等。

3）监测报告：监测方案、审查意见及批复、监测报告。

4）建设单位的总结报告内容包括但不限于：前言、主体工程及水土保持工程概况、水土保持管理、经验 / 存在问题及建议、结论与下阶段工作安排、附表等。

（3）竣工验收报告。

建设项目依据《生产建设项目水土保持方案管理办法》（2023）（水利部令第 53 号）第 4 章要求，组织第三方机构编制水土保持设施验收报告。水土保持设施验收报告内容包括但不限于：前言、主体工程及项目水土流失情况、水土保持方案和防治措施设计情况、水土保持设施建设情况评估、水土保持工程质量评估、水土保持监测 / 监理工作评价、水土保持投资及资金管理评价、水土保持效果评估、各级水行政主管部门督查情况、水土保持设施管理维护评价、综合结论、遗留问题及建议、附图、附件等。

（4）自主验收备案。

除按照国家需要保密的情形外，建设单位应当在水土保持设施验收合格后,通过其网站或工程建设验收公示网等其他便于公众知晓的方式,将验收结果向社会进行公示。公示资料包括水土保持设施验收鉴定书、水土保持设施验收报告和水土保持监测总结报告。待30天公示期满后,将验收结果报审批水土保持方案的水行政主管部门备案,并抄送建设项目所在地州、县水行政主管部门,水行政主管部门出具备案回执。

（5）水保部门验收核查。

按照《生产建设项目水土保持方案管理办法》（2023）（水利部令第53号）第5章要求,水行政主管部门以批准的水土保持方案、批复文件和工程设计文件为基本要求,对建设项目的水土保持设施和措施进行核查。县级以上人民政府水行政主管部门、流域管理机构应当按照职责加强水土保持方案全链条全过程监管,充分运用卫星遥感、无人机、大数据、"互联网＋监管"等手段,对生产建设项目水土保持设施验收进行监督检查,对发现的问题依法依规处理。在监督检查中发现生产建设项目水土保持设施自主验收存在弄虚作假或者不满足验收标准和条件而通过验收的,视同为水土保持设施验收不合格。

第四章 生产运营期环水保管理

一、环保设施管理

1．环保技术设施改造

（1）管理范围。

适用于水电站配套建设的污水处理厂、鱼类增殖站、升鱼机、鱼道、集运鱼系统、分层取水、动物救助站、植物园等环保设施的技术改造。

（2）存在环保风险点。

1）已建成投运的环保设施由于环保设备性能不达标、安装不规范等原因导致环保设施无法正常运行。

2）已建成投运的环保设施由于标准更新、技术更新或设备老化等原因不满足现行法律法规、技术标准和规程规范的要求。

3）已建成投运的环保设施由于原有技术、工艺等原因未能发挥应有功能和效果。

（3）标准及要求。

1）生产过程中排放的各项污染物应满足国家、地方政府规定的排放标准和管理政策要求。对不能达到国家和地方环保标准要求的，需进行治理或改造。改造过程严格执行集团公司资本性支出管理相关管理规定及技术路线要求，具体内容详见《中国华能集团有限公司生态环境保护管理办法》。

2）严格环保改造项目可研方案的审查、项目验收和后评价工作。技术方案要优先选择先进可靠、技术成熟的技术方案，不得设置排他性条款，确需采用独有专利技术的必须严格专题论证。加强改造过程中的安全、质量、进度和造价的全过程、全方位管理。项目工程完工后，建设单位应按国家建设项目环境保护管理有关要求及有关主管部门规定的标准和程序，对项目环保设施进行验收，编制并按要求公开验收报告，且验收合格方可投入生产或使用。其改造效果要达到设计、排放标准和主要污染物总量控制要求，具体内容详见《中国华能集团有限公司生态环境保护管理办法》。

3）生产资本性支出项目管理主要包括项目前期可研编制、可研审查、立项审查、项目批复、项目实施、工程质量监督、验收和总结、项目资金使用等全过程管理，具体要求详见《中国华能集团有限公司电力生产资本性支出项目管理办法》。

4）按照《城镇排水与污水处理条例》（2013）（国务院令第641号）第43条要求，改建、扩建建设工程，不得影响城镇排水与污水处理设施安全，因工程建设需要改动城镇排水与污水处理设施的，建设单位应当制定改动方案，报城镇排水主管部门审核，并承担改建采取临时措施的费用。

2．环保设施运行维护

（1）管理范围。

适用于水电站配套建设的污水处理厂、鱼类增殖站、升鱼机、鱼道、集运鱼系统、分层取水、动物救助站、植物园等环保设施的日常运行、记录台账、检修维护和监测评价。

（2）存在环保风险点。

1）环保设施未按规定开展日常运行维护，导致设备设施无法使用。

2）环保设施运行存在故障或异常未及时上报，未及时检修维护。

3）环保设施运行管理制度不完善或执行不到位，操作人员工作能力不符合现场实际要求，缺少运行巡检及维护记录，无运行及检修规程。

4）未建立台账或原始台账记录不详细、不规范。

5）未按规定开展环保设施监测评价。

（3）标准及要求。

1）按照《中国华能集团有限公司生态环境保护管理办法》第29、33 条要求，要建立健全和严格执行环保设施检修维护、运行管理制度和规程，加强环保设施的管理，禁止无故停用环保主要设施。要规范环境监测管理工作，依法建立健全原始记录和统计台账，按规定开展连续在线监测仪器的安装、联网工作及自动监测数据有效性审核等工作，监测仪器仪表的精度要满足相关标准要求。

2）按照《水电工程鱼类增殖放流站运行规程》（NB/T 10610—2021）要求，在鱼类增殖放流站运行过程中，应建立健全运行管理制度，制定安全管理、生产管理和物资管理制度。在鱼类增殖放流站，应配备专业人员负责站内设施和设备的运行维护，建立巡视和检查制度，制定主要设备操作规程，规范管理设计、建设、运行全过程的技术资料和管理性资料。

3）按照《城镇排水与污水处理条例》（2013）（国务院令第641 号）要求，污水处理设施维护运营单位应当为进、出水在线监测系统的安全运行提供保障条件，排水与污水处理设施维护运营单位应当建立健全安全生产管理制度，加强污水处理设施的日常巡查、维修和养护，不得擅自停运城镇污水处理设施。发生影响污水处理设施安全运行的突发情况时，应当立即采取应急处理措施，并向城镇排水主管部门、环境保护主管部门报告。

3．环保设施设备拆除

（1）管理范围。

适用于水电站配套建设的污水处理厂、鱼类增殖站、升鱼机、鱼道、集运鱼系统、分层取水、动物救助站、植物园等环保设施设备的拆除。

（2）存在的环保风险。

1）环保设施设备拆除前未向上级主管部门报备，未获得上级主管部门批准，环保设施设备拆除不符合环境影响评价文件要求。

2）未制定设施设备拆除计划和方案。

（3）标准和要求。

1）按照《中华人民共和国环境保护法》第41条要求，建设项目中防治污染的设施，不得擅自拆除或闲置。

2）按照《中华人民共和国固体废物污染环境防治法》（2020年4月29日修订）第63条要求，工程施工单位应当及时清运工程施工过程中产生的建筑垃圾等固体废物，并按照环境卫生主管部门的规定进行利用或者处置。不得擅自倾倒、抛撒或者堆放建筑垃圾。

二、水环境保护

1．重点区域及水源地保护

（1）管理范围。

适用于电站周边饮用水水源保护区、水产种质资源保护区等重点区域的水环境保护。

（2）存在环保风险点。

1）未建立巡视检查制度，未按规定开展巡视检查，发现水污染事件或隐患未及时上报。

2）未按规定开展水环境监测评价，水环境监测台账及巡视检查台账记录不详细、不规范。

3）电站地表水水质、地下水水质、水温、流量不满足要求，对重点区域水环境造成不利影响。

（3）标准及要求。

1）按照《中华人民共和国环境保护法》第40条要求，企业应当优先采用资源利用率高、污染物排放量少的工艺、设备，以及废弃物综合利用技术和污染物无害化处理技术，减少污染物的产生。

2）按照《饮用水水源保护区污染防治管理规定》（国家环境保护局卫生部建设部水利部地矿〔89〕环管字第201号）和《中华人民共和国水污染防治法》要求，禁止向水体排放油类、酸液、碱液或者剧毒废液。禁止在水体清洗装贮过油类或者有毒污染物的车辆和容器，船舶的残油、废油应当回收，禁止排入水体。在饮用水水源保护区内，禁止设置排污口，禁止在饮用水水源一级保护区内新建、改建、扩建与供水设施和保护水源无关的建设项目，禁止在饮用水水源一级保护区内从事网箱养殖、游泳或者其他可能污染饮用水水体的活动。

2．取、排水管理

（1）管理范围。

企业应依据环评报告和取水证取水，做到依法合规取水、用水（水电站营地生活用水、厂房用水、鱼类增殖站用水、消防用水、工区绿化用水）。开展的主要工作包括：

1）根据环评报告及取水证批复要求执行电厂的水资源取用工作。

2）取用水资源的单位，应当按要求准备相关材料申请并取得取水许可证，缴纳水资源税。

3）应当按照经批准的年度取水计划取水。

4）取水单位变更取水权人名称和法定代表人的，需要进行取水许可变更手续。

5）依照国家技术标准安装计量设施，保证计量设施正常运行，并按照规定填报取水统计报表。按照集团公司要求，积极推进取用水信息接入集团公司在线监测系统，做好表计定期校验和日常维护。

6）水电企业应在明确各用水系统工艺和用水、排水数据资料的基础上，根据各用水系统工艺的用水水质要求，实现梯级用水、循环复用。采取综合节水措施，提高水的重复利用率，减少废水和污染物排放量。

（2）存在环保风险点。

1）未经批准擅自取水或未依照批准的取水许可规定条件取水。

2）采用非法手段骗取取水申请批准文件或者取水许可证。

3）未安装取水、排水计量设施或计量设施不合格、未按期标定、运行不正常。

4）拒不缴纳、拖延缴纳或者拖欠水资源税。

5）管理制度不完善或执行不到位，取、排水台账记录不规范。

6）未按要求报送年度取水、排水总结和取水计划。

7）发生超计划超许可取水，取水地点发生变更，隐瞒不报或者弄虚作假，被相关管理部门处罚。

8）排水污染物排放指标、总量、去向不符合环评批复要求。

9）排水利用率低，未采取有效措施减少废水和污染物排放量。

（3）标准及要求。

1）按照《中华人民共和国水法》第7、48、49条要求，国家对水资源依法实行取水许可制度和有偿使用制度，直接从江河、湖泊或者地下取用水资源的单位和个人，应向水行政主管部门或者流域管理机构申请领取取水许可证，并缴纳水资源费，取得取水权，用水应当计量，并按照批准的用水计划用水。未经批准擅自取水或未依照批准的取水许可规定条件取水的，按照《中华人民共和国水法》第69、70条处罚。

2）按照《中华人民共和国水污染防治法》第10条要求，排放水污染物含量不得超过国家或者地方规定的水污染物排放标准和重点水污染物排放总量控制指标。废水采样方法参照《水质采样技术指导》（HJ 494）、《水质采样方案设计技术规定》（HJ 495—2009）和《地表水和污水监测技术规范》（HJ/T 91—2002）执行。

3）按照《取水许可和水资源费征收管理条例》（2017修订）（国务院令第460号）第2条要求，取用水资源的单位和个人，除本条例第4条要求的情形外，都应当申请领取取水许可证，并缴纳水资源费。按照第23、25、26条要求申请或变更取水证，按照第28、32、34、54、55条要求缴纳水资源费。

4）按照《水污染防治行动计划》（国发〔2015〕17号）要求，推进循环发展促进再生水利用，加强全流域水资源节约集约利用，采用阶梯用水。

5）外排水各项指标及排放去向满足环评批复和排污许可证要求，

外排水排放应符合《污水综合排放标准》（GB 8978）和地方环保政策规定。

6）按照《城镇排水与污水处理条例》（2013）（国务院令第641号）要求，城镇排水设施覆盖范围内的排水单位，应当将污水排入城镇排水设施，城镇污水处理设施维护运营单位应当保证出水水质符合国家和地方规定的排放标准，不得排放不达标污水。城镇排水与污水处理设施维护运营单位应当建立健全安全生产管理制度，加强污水处理设施的日常巡查、维修和养护。

3. 污废水治理

（1）管理范围。

适用于电站生活污水、厨房废水、鱼类增殖站养殖废水等污废水排放和处理设施的日常运行、记录台账、检修维护和监测评价。

（2）存在环保风险点。

1）废水污染物排放指标、总量、去向不符合环评批复、国家和地方排放标准及排污许可证要求。

2）未采取有效措施减少废水和污染物排放量。

3）污废水处理设施未按规定开展日常运行维护，导致无法使用。

4）未建立巡视检查制度，未按规定开展巡视检查，污废水处理设施运行存在故障或异常未及时上报，未及时检修维护。

5）未按规定开展污废水水质监测评价，污废水水质监测及巡视检查台账记录不详细、不规范。

（3）标准及要求。

1）按照《中华人民共和国水法》第22、23条要求，向水体排放污染物的企业事业单位，应当按照法律、行政法规和国务院环境保护主管部门的规定设置排污口，在江河、湖泊设置排污口的，还应当遵守国务院水行政主管部门的规定。企业事业单位应当按照国家有关规定和监测规范，对所排放的水污染物自行监测，并保存原始监测记录。

2）按照《中华人民共和国环境保护法》第 42 条要求，严禁通过暗管、渗井、渗坑、灌注或者篡改、伪造监测数据，或者不正常运行防治污染设施等逃避监管的方式违法排放污染物。

3）外排水各项指标及排放去向满足环评批复，外排水排放应符合《污水综合排放标准》（GB 8978—1996）和地方环保政策规定。

4）《城镇排水与污水处理条例》（2013）（国务院令第 641 号）要求，城镇排水设施覆盖范围内的排水单位，应当将污水排入城镇排水设施，城镇污水处理设施维护运营单位应当保证出水水质符合国家和地方规定的排放标准，不得排放不达标污水。城镇排水与污水处理设施维护运营单位应当建立健全安全生产管理制度，加强污水处理设施的日常巡查、维修和养护。

5）按照《水电工程鱼类增殖放流站运行规程》（NB/T 10610—2021）第 10 条要求，应定期对污水处理设施进行巡视和检查。

6）按照《中国华能集团有限公司生态环境保护管理办法》第 25 条要求，加强江河湖海水域、流域企业无组织排放、废水排放、温排水等管控工作，做到雨污分离，不发生厂内污染物随雨水外排。

4．库区水污染防治

（1）管理范围。

适用于电站库区周边污染源排放调查、库区养殖调查、库区漂浮物清理、库岸新增建设项目调查、库区水质监测和库岸环境污染敏感点排查。

（2）存在环保风险点。

1）未建立巡视检查制度，未按规定开展巡视检查，不能及时发现库区水污染。

2）未按规定开展库区水环境监测，水环境监测及巡视检查台账记录不详细、不规范。

3）未按要求及时开展库区漂浮物清理工作。

4）库区水产养殖、油污泄漏、库岸新增建设项目、库区沿线乡镇污水排放等导致水污染。

（3）标准及要求。

1）按照《中华人民共和国水法》第31、34条要求，从事水资源开发、利用、节约、保护和防治水害等水事活动，应当遵守经批准的规划；因违反规划造成江河和湖泊水域使用功能降低、水体污染的，应当承担治理责任；禁止在江河、湖泊新建、改建或者扩大排污口。未按照规定对所排放的水污染物自行监测，或者未保存原始监测记录，超过水污染物排放标准或者超过重点水污染物排放总量控制指标排放水污染物，向水体排放、倾倒工业废渣、城镇垃圾或者其他废弃物等违法行为按照《中华人民共和国水法》相关规定进行处罚。

2）按照《中华人民共和国水污染防治法》第10条要求，排放水污染物含量不得超过国家或者地方规定的水污染物排放标准和重点水污染物排放总量控制指标。

3）按照《水电工程环境影响评价规范》（NB/T 10347—2019）第8.5条要求，水库水质保护应根据水库及库周污染源分布情况，并结合水库及库周开发利用规划，提出库底清理、水库及库周污染物治理等措施体系。水库污染源治理应合理控制水库的开发利用，并根据水库水体的环境功能要求，提出污染预防、控制和治理要求。

4）按照《中国华能集团有限公司生态环境保护管理办法》第 12、25 条要求，加强江河湖海水域、流域企业无组织排放、废水排放管控工作，做到雨污分离，不发生厂内污染物随雨水外排。建立健全生态环境保护管理制度体系，做好突发环境事件应急管理和处置，加强常态化开展生态环保风险隐患排查与整改工作。做好环保舆情风险、环保事件、生态环境信息等内容的统计、分析、审核和上报工作。

三、陆生生态保护

1. 弃渣场防护

（1）管理范围。

适用于水电站渣场植被修复、坡面生态修复工程的运行管养、巡视检查、记录台账和监测评价。

（2）存在环保风险点。

1）弃渣场未按规定进行运行管养，导致坡面生态修复工程破坏。

2）未建立巡视检查制度，未按规定开展巡视检查，弃渣场运行发生异常未及时上报，未及时处置。

3）未按规定开展弃渣场安全环保监测评价，监测及巡视检查台账记录不详细、不规范。

（3）标准及要求。

1）按照《中华人民共和国固体废物污染环境防治法》第 13 条要

求，应当加强对相关设施、设备和场所的管理和维护，保证其正常运行和使用。石质较多弃渣场，应先通过覆土来满足植生条件，覆土厚度一般不低于30cm，植物配置采用多草种混播，同时可适量混入浅根性灌木。

2）按照《中华人民共和国水土保持法》第38条要求，对废弃的废渣等存放地，应当采取拦挡、坡面防护、防洪排导等措施。生产建设活动结束后，应当及时在裸露土地上植树种草、恢复植被。

3）按照《水电工程环境影响评价规范》（NB/T 10347—2019）第8.12.10条要求，工程弃渣、弃土应在工程区设置弃渣场、弃土场进行集中堆存。弃渣场、弃土场应采取工程、植物和管理等措施减小生态破坏，修复受损的生态环境。

4）弃渣场应做好运行管养和巡视检查工作，确保弃渣场的排水管涵、排水沟渠、网格梁、挡墙防护等工程措施运行良好，定期撒播草籽、栽种草皮、灌木、乔木等，确保植物生长良好。

2．绿化养护

（1）管理范围。

水电站厂区、生产管理和库区消落带绿化养护工程的运行管养、巡视检查、记录台账。

（2）存在环保风险点。

1）未按要求开展绿化管养，绿化效果不满足要求。

2）绿化养护管理制度不完善或执行不到位，运行管理人员不满足现场实际工作要求。

3）未建立巡视检查制度，未按规定开展巡视检查。

4）未按规定开展绿化养护监测评价，绿化养护监测台账及巡视检查台账记录不详细、不规范。

5）移栽植物养护管理措施不到位，成活率低。

（3）标准及要求。

1）按照《水电工程环境影响评价规范》（NB/T 10347—2019）第 8.8.2 条要求，水电工程宜采取库周防护林建设、水库消落带治理等措施，维护区域陆生生态系统功能。涉及特殊植被等重要生态系统的水电工程，应优先采取避让、划定生境保护小区等措施对特殊植被进行就地保护；难以就地保护时，应在邻近生境适宜区域采取异地人工植被、生态系统构建等措施进行补偿。

2）按照《绿化植物废弃物处置和应用技术规程》（GB/T 31755—2015）第 4.2.4 条要求，受病菌（或）虫体危害的废弃物应单独收集，再进行特殊预处理和堆肥，不得直接用于铺设绿化土表。

3）按照《园林绿化工程项目规范》（GB 55014—2021）第 2.3.2 条要求，植物病虫害防治不得污染水源，禁止使用剧毒、高毒农药，水生植物病虫害防治不得使用农药。

4）植物绿化养护的整形修剪、灌溉与排水、施肥、有害生物防治、松土除草、改植与补植及绿地防护等应满足《园林绿化养护标准》（CJJ/T 287—2018）第 5 条要求，绿化养护档案管理应满足《园林绿化养护标准》（CJJ/T 287—2018）第 6 条要求。

5）按照《中华人民共和国森林法实施条例》（2018 修订）（国务院令第 278 号）第 29 条要求，积极营造混交林，采取林分改造、森林抚育等措施，优化树种结构，提升森林生态系统质量和稳定性。

6）消落带生态修复的修复范围应结合水库特征参数、调节性能、水电工程运行调度资料及生态修复要求综合确定，应遵循水—陆生态系统的作用及演化规律，充分发挥自然恢复的能力，生态修复应在库周边坡稳定的基础上开展。消落带生态修复植物种选择和具体施工流程详见《水电工程水土保持生态修复技术规范》（NB/T 10510—2021）第10.3条。

7）库区消落带禁止遗弃、掩埋动物尸体，以及弃土、弃物和填埋其他物体，禁止毁林开荒或种植果树等多年生植物，禁止直接排放粪便、污水、废液及其他超过污染物排放标准的污水、废水，禁止使用有污染的农药、化肥，禁止其他可能造成消落区生态环境破坏、水土流失和污染水体的行为以及国家法律法规禁止的行为。

3．珍稀植物及古树名木保护

（1）管理范围。

水电站所属枢纽区、库区、生产营地等区域涉及的珍稀植物及古树名木移栽、就地保护、群落重建工程的运行管养、巡视检查、记录台账。

（2）存在环保风险点。

1）砍伐、转卖、抛弃珍稀植物和古树名木。

2）未按要求实施移栽工作，移栽后养护不到位，导致移栽后成活率低。

3）养护管理制度不完善或执行不到位，运行管理人员不满足现场实际工作要求。

4）未建立巡视检查制度，未按规定开展巡视检查，古树名木受到损害未及时上报行政主管部门。

5）养护及巡视检查台账记录不详细、不规范。

（3）标准及要求。

1）按照《中华人民共和国环境保护法》第 29 条、《中华人民共和国森林法》第 29 条要求，珍稀、濒危的野生动植物自然分布区域，应当采取措施予以保护，严禁破坏。国家保护古树名木和珍贵树木，禁止破坏古树名木和珍贵树木及其生存的自然环境。

2）按照《城市绿化条例》（2017 修订）（国务院令第 676 号）第 24 条要求，严禁砍伐或者迁移古树名木，因特殊需要迁移古树名木，必须经城市人民政府城市绿化行政主管部门审查同意，并报同级或者上级人民政府批准，禁止在划定的珍贵树种保护区、禁伐区内排放废水、废气，倾倒废渣，或者从事取土、堆物等破坏珍贵树种生存环境的活动。

3）保护植物、狭域种和古树名木的保护和养护工作应满足《水电工程环境影响评价规范》（NB/T 10347—2019）第 8.8.3 条要求。

4）按照《城市古树名木保护管理办法》第 7、10 条要求，古树名木养护责任单位，应按照规定的养护管理措施实施保护管理，古树名木受到损害或者长势衰弱，应当立即报告行政主管部门。

5）严禁损害城市古树名木，具体要求详见《城市古树名木保护管理办法》第 13 ~ 15 条。

6）按照《中华人民共和国森林法实施条例》（2018 修订）（国务院令第 278 号）第 23 条要求，应建立古树名木档案，明确管护责任，并对古树名木挂牌、划定保护范围、设置保护设施、采取抢救复壮措施等，加强古树名木保护，禁止破坏古树名木保护设施和保护标志。破坏古树名木或者珍贵树木按照《中华人民共和国森林法实施条例》（2018

修订）（国务院令第 278 号）第 52 条处罚。

4．动物救助

（1）管理范围。

动物救护站运行维护、巡视检查、记录台账，水电站所属枢纽区、库区、生产营地等区域临时需要救护的动物。

（2）存在环保风险点。

1）未配齐硬件设备和专业救护人员，动物救助工作不能正常开展。

2）动物救护站未制定规章制度，未制定有效机制救助临时需要救护的动物，运行管理人员专业能力较差，无法开展动物救助工作。

3）动物救护站日常运行台账记录不详细、不规范。

（3）标准及要求。

1）《中华人民共和国野生动物保护法》第 15 条要求，野生动物收容救护机构应当根据野生动物收容救护的实际需要，建立收容救护场所，配备相应的专业技术人员、救护工具、设备和药品等，禁止以野生动物收容救护为名买卖野生动物及其制品。

2）《中华人民共和国陆生野生动物保护实施条例》（2016 修订）（国务院令第 666 号）第 9 条要求，发现受伤、病弱、饥饿、受困、迷途的国家和地方重点保护野生动物时，应当及时报告当地野生动物行政主管部门，也可以就近送具备救护条件的单位救护。救护单位应当立即报告野生动物行政主管部门。

3）按照《水电工程环境影响评价规范》（NB/T 10347—2019）第 8.8.4 条要求，水电工程涉及的保护动物种类多、数量较大或涉及重要动物栖息地且难以避让时，应建设动物救护站对保护动物予以保护，救护站的位置和环境满足动物生活的要求，动物救护站应配齐硬件设备和专业救护人员，制定运行手册和规章制度，完善运行记录台账，确保救护站保护的动物生存状态良好。

四、水生生态保护

1．生态流量泄放

（1）管理范围。

适用于水电站生态流量泄放措施的运行管理、台账记录、检修维护和监测评价。

（2）存在环保风险点。

1）生态流量泄放设施未投入使用，未按规定开展检修维护导致设备损坏，无法承担泄放生态流量的任务。

2）未制定生态流量泄放的运行调度方案，未建立水库生态流量监测预警机制，未配备专业技术人员。

3）未建立生态流量泄放的记录台账，或记录不完整，未定期开展生态流量调度效果分析与评价。

4）没有落实生态流量的监控措施，没有按要求安装生态流量在线监测系统，未按规定定期对生态流量泄放及监测设施和设备进行检定、校准、维修和维护。

5）未定期对生态流量监测断面进行复核。

（3）标准及要求。

1）按照《中华人民共和国水法》第21条要求，开发、利用水资源，应当充分考虑生态环境用水需要。

2）按照《水库生态流量泄放规程》（SL/T 819—2023）第 3.1、4.0.2、4.0.4 条要求，水库生态流量泄放应以水库调度规程中规定的经上级主管部门批准的生态流量目标为依据。水库生态流量泄放应明确水工建筑物、金属结构及启闭设施的安全运用条件、生态泄水设施开启及关闭的条件、运行时间及正常运用条件，明确水工建筑物安全监测和巡视检查项目、内容、频次，下泄流量（水量）监测方式和频次。分析泄放设施安全运用条件是否满足水库年内不同时段不同水位泄放生态流量的要求。

3）按照《水库生态流量泄放规程》（SL/T 819—2023）第 5.1.4 条要求，水库生态流量调度应根据河流来水条件和来水过程，结合河流基本生态功能用水需求以及敏感保护对象的特殊时期用水需求，优化水库调度运行方式，合理安排下泄流量（水量）及过程，保障河流基本生态功能用水需要和敏感保护对象特殊时期生态用水需要。

4）按照《水库生态流量泄放规程》（SL/T 819—2023）第 6.1.1、6.1.9、6.2 条要求，对实施生态流量泄放的水库应开展生态流量泄放监测监控，及时对生态流量监测监控数据进行整编，定期对监测数据进行分析。按照有关要求制定生态流量泄放的规章制度，配备熟悉生态流量泄放和管理的专业技术人员，按有关规定定期对生态流量泄放及监测设施和设备进行维修和维护，定期对生态流量监测断面进行复核，定期对生态流量监测仪器设备进行检定或校准，定期开展生态流量调度效果分析与评价，建立水库生态流量监测预警机制，确定预警等级、预警阈值及预警方案。

5）按照《水电工程环境影响评价规范》（NB/T 10347—2019）第 8.3 条要求，生态流量泄放措施应结合主体工程初期蓄水、运行调度方案，分初期蓄水阶段和运行期分别拟定。生态流量泄放宜采用多种措施组合方式，并应优先利用枢纽工程已有的泄水建筑物或下游已建水库库容，通过优化蓄水计划、运行调度方案满足生态流量泄放需求；已有建筑物及调度不能满足生态流量泄放需求时，生态流量泄放应设置专用设施。生态流量泄放专用设施应具有灵活性，可采用生态机组、生态泄水设施等措施方案。专用设施方案可根据初期蓄水过程、运行调度时的上游水位变幅情况，结合施工导流及枢纽建筑物布置综合比选确定。

6）按照《水电水利工程建设环境保护技术指南》第5.1.2条要求，建设单位或运营单位应严格按照环境影响评价文件、批复及设计要求下泄生态流量。在国家和地方重点保护、珍稀濒危或特有水生生物栖息地河段的鱼类产卵季节，经论证确有需要，应进一步加大下泄生态流量。运行阶段宜采用多种措施组合方式下泄生态流量，严禁仅采用主体电站机组发电的方式向下游泄放流量，严禁不发电就不下泄生态流量，杜绝枯期断流现象发生。安装及稳定运行生态流量在线监测系统，实时传输和存储数据，保障数据真实有效。水利水电工程生态调度应根据工程生态调度任务要求，提出相应监测计划。明确评估对象、评估指标、评估方法和成果分析。评估指标包括（但不限于）表征河湖生态系统的流量、流速、水位等参数。监测方案应符合生态流量监测技术规范，明确监测断面、监测内容、监测周期频次等。

2．过鱼设施

（1）管理范围。

适用于水电站为满足过鱼需求建设的升鱼机、鱼道、仿自然通道、鱼闸、集运鱼系统、网捕过坝等设施的日常运行、记录台账、检修维护和监测评价。

（2）存在环保风险点。

1）过鱼设施建成后不运行或未按要求在规定时段内运行。

2）过鱼设施未按规定开展日常运行维护，导致设备设施无法使用。

3）过鱼设施运行存在故障或异常未及时上报，未及时检修维护。

4）过鱼设施运行管理制度不完善或执行不到位，操作人员不符合现场实际要求，缺少运行及维护记录，无运行及检修规程。

5）未建立台账或原始台账记录不详细、不规范。

6）未按规定配备观测仪器设备，未开展过鱼设施过鱼效果监测评价。

（3）标准及要求。

1）按照《水电工程环境影响评价规范》（NB/T 10347—2019）第 8.7.3 条要求，对阻隔鱼类洄游通道，影响鱼类完成生活史的水电工程，应设置专用过鱼设施；仅影响鱼类种群交流的水电工程可采取捕捞过坝等人工措施。过鱼措施应有效连通上下游鱼类栖息地，明确过鱼对象、过鱼规模和过鱼季节。过鱼设施型式选择应符合《水电工程过鱼设施设计规范》（NB/T 35054—2015）的有关规定。

2）按照《水电水利工程建设环境保护技术指南》第 5.1.7 条要求：

①应配置专职和兼职人员，负责过鱼设施日常运行和管理，包括设备保养、观测统计和相关资料的研究发布等。通过检查专业人员配备、职责分工、管理制度和运行记录，分析过鱼设施的运行维护管理制度是否完善。

②应编制《过鱼设施运行管理手册》，明确运行方式、优化诱鱼口补水流量方案、编制闸门与补水设施自动控制程序；采用集运鱼系统和

网捕过坝作为鱼类保护措施的，应编制《运鱼车调度》以及其他相关制度，维护过鱼设施的正常运行。

③应协调处理好过鱼设施运行与工程枢纽的关系，确保过鱼季节过鱼设施正常有效运行；做好日常观测与过鱼资料的统计和信息处理；做好过鱼设施运行与鱼类特性的研究工作，协助做好科普宣传工作，提高水生生态保护意识。

④检查过鱼设施是否与下闸蓄水、电站试运行等关键节点同时投产和同步运行。

⑤定期开展过鱼效果观测和统计，分析过鱼效果，积累基础资料，建立监测评估数据库。定期对过鱼设施及附属设备进行维护、保养及检修，在过鱼季节来临前进行全面整修，保证过鱼设施功能的正常发挥。

⑥过鱼设施投入运行后，必须加强保养和维修，保证正常运行。经常检查各闸门、设备以及运鱼车，经常清理泥沙、漂浮物、垃圾和贝壳等。过鱼设施如有损坏，应对损坏部位及时维修。

⑦针对网捕过坝措施，应通过核查过坝鱼类的种类、数量、捕捞过坝季节和周期等，分析鱼类网捕过坝措施效果是否满足环境影响评价文件和环境保护设计文件的要求。

3）过鱼设施运行期应开展过鱼效果的观测、记录和统计分析，配备摄像机、鱼探仪、计数器、显示器等必要的观测和记录设备，记录过鱼时间，统计过鱼数量，并存储过鱼过程的影像。过鱼设施应统一纳入电站的日常运行管理之中，过鱼设施的管理包括日常运行维护、观测评估和调查研究，制定相应的过鱼设施运行方案和管理制度，运行期加强设备检查和维护。具体要求详见《水电工程过鱼设施设计规范》（NB/T 35054—2015）第7.4、8.1、8.2、8.3条，《水利水电工程鱼道设计导则》（SL 609—2013）第 10.2 条，《水电工程集运鱼系统设计规范》（NB/T 10862—2021）第 10.6、11.3 条。

4）按照《水利水电工程鱼道设计导则》（SL 609—2013）第 10.1 条和《水电工程集运鱼系统设计规范》（NB/T 10862—2021）第 11.2 条要求，鱼道和集运鱼系统运行维护应明确运行管理机构、人员配置、责任范围及要求。集运鱼系统运行应满足电站的防洪调度要求。配备专业运行人员并列支运行预算。运行人员宜定期接受专业培训，以保障过鱼设施有效运行和操作、观测等记录有效完整。根据观测资料，适时评估运行效果，并及时调整运行方案。

3．增殖放流

（1）管理范围。

适用于水电站鱼类人工增殖、放流和放流效果监测的日常运行、记录台账、检修维护和监测评价。

（2）存在环保风险点。

1）增殖站培育鱼种、放流品种及数量不满足要求。

2）鱼类人工增殖、放流和放流效果监测管理制度不完善或执行不到位，操作人员岗位职责不符合现场实际要求，费用投入不足，无运行及检修规程。

3）鱼类人工增殖、放流和放流效果监测设施未按规定开展日常运行维护，导致设备设施无法使用。

4）鱼类人工增殖、放流和放流效果监测台账记录不详细、不规范。

5）鱼类放流地点与设计地点不符，放流设备存在缺陷，导致鱼类死亡。

6）增殖放流站养殖废水未达标排放。

（3）标准及要求。

1）鱼类增殖放流站投入运行前，应按国家相关法律法规规定，办理《水产苗种生产许可证》《水生野生动物驯养繁殖许可证》等资质性证照，生产运行过程中，应严格贯彻落实《中华人民共和国渔业法》《中华人民共和国野生动物保护法》以及《中国水生生物保护国家行动纲要》等相关法律法规要求。

2）按照《水电水利工程建设环境保护技术指南》第 5.1.6 条要求，应明确鱼类增殖放流站管理和运行机构，制定相应的管理制度，编制运行操作规程，配备专业技术人员，做好养殖技术资料整理、归档，做好日常运行管理工作，运行期加强设备检查和维护，损坏的设施和设备应及时维修，运行期应开展生产性监测评估，对养鱼水质进行在线监测。

3）应对鱼类增殖放流效果进行评价并据此调整下阶段放流计划，应开展放流效果监测评价。监测方法按照《水库渔业资源调查规范》（SL 167）、《内陆水域渔业自然资源调查手册》《淡水浮游生物研究方法》和《水电工程鱼类增殖放流站运行规程》（NB/T 10610—2021）等要求进行。

4）鱼种培育过程中，应定时开展巡查、水体消毒杀虫、水质监测、鱼病防治以及残饵粪便清除等工作，定期抽样测定鱼种的长度和重量，分阶段统计鱼种存活率，建立鱼类病害防治技术体系和操作规程，具体要求详见《水电工程鱼类增殖放流站运行规程》（NB/T 10610—2021）第 7.2.5、8.0.1、8.0.6 条。

5）按照《水电工程环境影响评价规范》（NB/T 10347—2019）

第 8.7.4 条和《水电工程鱼类增殖放流站运行规程》（NB/T 10610—2021）第 9.1、9.2 条要求，鱼类增殖放流站应向渔业主管部门上报放流计划，提交放流申请，并按照规定的程序组织实施放流。放流鱼种应经有资质的专业机构进行种质鉴定和检验检疫，并形成种质鉴定报告和检验检疫报告。放流鱼种的计数工作应在渔政部门和公证部门的监督下开展。放流地点应综合考虑地形条件、水生生境、水文情势等因素，放流实施阶段的全过程做好记录。

6）按照《水电工程鱼类增殖放流站运行规程》（NB/T 10610—2021）第 10 条要求，鱼类增殖放流站应配备专业人员负责站内设施和设备的运行维护，建立巡视和检查制度，制定主要设备操作规程。应根据养殖规模和生产需要，制定设施和设备维修保障计划。

7）按照《水电工程鱼类增殖放流站运行规程》（NB/T 10610—2021）第 12 条要求，鱼类增殖放流站档案应包括设计、建设、运行全过程的技术资料和管理性资料。鱼类繁育生产过程中各类记录性文件，应主要包括年度生产计划书、生产总结报告、水质监测记录表、养殖生产日志、鱼类放流标记记录、增殖放流记录和放流效果监测与评估文件。

4．分层取水设施

（1）管理范围。

水电站为解决低温水下泄的问题，而设置的分层取水设施。

（2）存在环保风险点。

1）未按照水电站环境影响文件批复要求开展低温下泄水影响研究。

2）分层取水设施未正常投运、未进行定期维护。

（3）标准及要求。

1）深入开展分层取水专项设计研究，落实分层取水设施工程建设。

2）运行期对库区及坝下游水温开展全面系统的监测工作。

5．栖息地保护

（1）管理范围。

适用于水电站水生生物栖息地保护（产卵场、索饵场、越冬场和洄游通道等）和支流栖息地保护的日常运行、记录台账、检修维护和监测评价。

（2）存在环保风险点。

1）未建立巡视检查制度，未按规定开展巡视检查，生产建设项目、引水调水等造成栖息地功能丧失。

2）栖息地保护设施未按规定开展日常运行维护，费用投入不足导致设备设施无法使用。

3）未按规定开展栖息地环境监测评价，环境监测及巡视检查台账记录不详细不规范。

（3）标准及要求。

1）按照《中华人民共和国水生野生动物保护实施条例》（2013修订）（国务院令第 645 号）第 7、12 条要求，渔业行政主管部门应当组织社会各方面力量，采取有效措施，维护和改善水生野生动物的生存环境，保护和增殖水生野生动物资源。禁止任何单位和个人破坏国家重点保护和地方重点保护的水生野生动物生息繁衍的水域、场所和生存条件，禁止捕捉、杀害国家重点保护的水生野生动物。

2）河流水生生物栖息地保护对象包括有保护价值的土著种类、重要经济物种以及重要的水域生态功能。河流水生生物栖息地保护应加强设施维护、管理及跟踪监测工作，对栖息地保护效果进行动态评估，持续优化调整各项保护措施，开展栖息地功能区划分，制定保护措施总体布局方案。河流水生生物栖息地保护应建立完善的档案管理制度，对其设计、建造、运行、监测过程进行详细的记录并归档。具体要求详见《河流水生生物栖息地保护技术规范》（NB/T 10485—2021）第 1.0.3、1.0.7、3.1.1、3.1.2、3.1.3、9.1 条。

3）河流水生生物栖息地保护应开展日常巡视检查、监测工作，巡视检查和监测要求详见《河流水生生物栖息地保护技术规范》（NB/T 10485—2021）第 9.2、9.3 条。

4）按照《水电水利工程建设环境保护技术指南》第 5.1.5 条要求，栖息地保护设施的运行管理应纳入电站运行期环境保护措施体系，由建设单位或运营单位统一管理，在鱼类繁殖期以及汛期应定期视察、巡视运行情况。鱼类栖息地保护措施运行过程中，电站运行单位应同步开展栖息地保护效果评估，并根据评估结果灵活调整栖息地运行方式或提出优化设计方案，确保设施能持续、更好地发挥作用。

6．人工鱼巢

（1）管理范围。

水电站所属人工鱼巢的日常运行、记录台账、检修维护和监测评价。

（2）存在环保风险点。

1）人工鱼巢建成后不运行或未按要求在规定时段内运行。

2）未按规定开展日常运行维护，导致人工鱼巢无法发挥作用。

3）未按规定开展巡视检查，人工鱼巢被破坏未及时发现并处置。

4）管理制度不完善或执行不到位，操作人员不符合现场实际要求。

5）未建立台账或原始台账记录不详细、不规范。

6）未按规定开展人工鱼巢增殖效果监测评估。

（3）标准及要求。

1）按照《河流水生生物栖息地保护技术规范》（NB/T 10485—2021）第8.1.1、8.1.2、8.2.1条要求，人工鱼巢所投放的水域应符合防洪、航运和河道管理的相关要求，不得与其他水资源利用设施、水域使用功能相冲突，人工鱼巢的总体规模应根据水域面积、保护对象物种丰度、水深、鱼巢密度和规划增殖规模等因素综合分析后确定。

2）按照《河流水生生物栖息地保护技术规范》（NB/T 10485—2021）第9.1条要求，河流水生生物栖息地保护应建立栖息地监测体系，长期动态监测、评估栖息地保护效果，并适时调整栖息地保护方案。河流水生生物栖息地保护应建立完善的档案管理制度，对其设计、建造、运行、监测过程进行详细的记录并归档。

3）定期检查人工鱼巢构件连接和整体稳定性情况，对于发生倾覆、破损的鱼巢应及时采取补救和修复措施，及时清除鱼巢表面缠挂的网具、有害附着生物以及其他有害入侵生物。人工鱼巢的巡视检查、日常维护、鱼类产卵孵化结束后人工鱼巢的维护管养详见《内陆水域人工鱼巢建设技术规范》（DB 33/T 2313—2021）第6条和《河流水生生物栖息地保护技术规范》（NB/T 10485—2021）第9.2条。

4）在鱼类产卵期，应对人工鱼巢的增殖效果进行监测评估，评估应包括产卵批次、批产卵量及受精率、总产卵量及鱼苗量、增殖种类等内容。人工鱼巢的增殖效果监测评估要求详见《内陆水域人工鱼巢建设技术规范》（DB 33/T 2313—2021）第 7 条和《河流水生生物栖息地保护技术规范》（NB/T 10485—2021）第 9.3 条。

7．生态调度

（1）管理范围。

适用于水电站开展的生态调度研究和生态调度实施过程中的运行维护、台账记录和监测评价。

（2）存在环保风险点。

1）未按规定开展生态调度，未建立生态调度方案，未把生态调度方案纳入运行规程。

2）生态调度设施未按规定开展日常运行维护，运行人员不符合现场实际要求，生态调度设备设施无法使用。

3）生态调度设备设施存在故障或异常未及时上报，未及时检修维护。

4）未按规定开展生态调度监测效果评估。

5）生态调度监测和日常运行维护台账记录不详细、不规范。

（3）标准及要求。

1）按照《水电工程环境影响评价规范》（NB/T 10347—2019）第 8.2.1 条要求，水电工程运行应优先采取生态调度措施，满足生态环境对水位、流量、泥沙等水文要素及其变化过程的需求。生态调度措施应结合工程及上下游梯级电运行特性，在分析现有运行方式与库区及下游生态需求符合性的基础上，提出梯级电站联合生态调度运行要求以及单个工程的生态调度方案。

2）按照《水利水电工程生态调度设计指南》第 4.0.4、5.1.2 条要求，生态调度应充分利用已有基础设施和条件，结合工程特性、工程任务、调度运行方式，充分考虑上下游、干支流梯级枢纽的联合调度需求，满足生态流量、水温、环境应急等生态需求。配备专门的生态调度管理人员，配套制定相应规章制度、管理办法、调度规程和应急处置方案，组织开展生态调度的日常运行和维护管理工作。

3）按照《水利水电工程生态调度设计指南》第9.1、9.2、9.3条要求，水利水电工程生态调度应根据工程生态调度任务要求，提出生态调度效果评估初步方案，提出监测计划，不断优化调度方案。明确评估对象、评估指标、评估方法和成果分析。评估指标包括（但不限于）表征河湖生态系统的流量、流速、水位等参数。监测方案应符合生态流量监测技术规范，明确监测断面、监测内容、监测周期频次等。

五、水土保持措施

1．水土保持综合防治体系

（1）管理范围。

适用于水电站枢纽区、库区、生产营地等区域为满足水土保持需求开展的工程措施和植物修复项目的日常巡视检查、记录台账和监测评价。

（2）存在环保风险点。

1）未按规定开展日常运行维护，导致水土流失。

2）未按规定开展巡视检查，发生水土流失未及时上报，未及时修复。

3）管理制度不完善或执行不到位，管理人员不满足现场实际工作要求。

4）未按规定开展水土保持监测评价。

5）运行维护及巡视检查台账记录不详细、不规范。

（3）标准及要求。

1）按照《中华人民共和国水土保持法》第 19 条和《生产建设项目水土保持方案管理办法》（2023）（水利部令第 53 号）第 4 条要求，水土保持设施的所有权人或使用权人应当加强对水土保持设施的管理与维护，落实管护责任，保障其功能正常发挥。生产建设单位是生产建设项目水土流失防治的责任主体，应当加强全过程水土保持管理，优化施工工艺和时序，提高水土资源利用效率，减少地表扰动和植被损坏，及时采取水土保持措施，有效控制可能造成的水土流失。

2）按照《水土保持工程运行技术管理规程》（SL 312—2005）第 2.1.2 条要求，汛前和每次暴雨后水土保持工程措施应加强检查维护，确保工程安全度汛，保护工程护埂、护坎植物及周围林草植被，禁止人为破坏。水土保持工程措施应开展工程的经济效益、生态效益、社会效益监测工作。

3）应适时对水土保持区植物进行抚育管理，提高成活率、植被覆盖率，水土保持耕作措施应保持田间沟渠和坡面水系工程连接畅通，管护好植物篱或草带，防止人畜破坏，具体要求详见《水土保持工程运行技术管理规程》（SL 312—2005）第 2.1、3.1、4.2 条。

4）按照《水电工程环境影响评价规范》（NB/T 10347—2019）第 8.8.5、8.8.6 条要求，因施工活动造成的局部受损区域的生态保护，应根据施工规划，结合水土保持方案，采取植被恢复等生态修复措施，明确植物物种选择、配置、抚育和管护等要求。结合影响区农业开发规划、地形地质条件，采取调整土地利用方式、修建排水工程、优化耕作方式等措施。

5）水土保持调查方法应以收集资料为主，现场调查为辅，水土保持生态修复调查方法、评价方法应符合《水土保持工程调查与勘测标准》（GB/T 51297—2018）和《水电工程陆生生态调查与评价技术规范》（NB/T 10080—2018）有关规定。原有植被保护、施工迹地水土保持生态修复、高陡边坡水土保持生态修复、库周水土保持生态修复、特殊地区水土保持生态修复的组织实施、管理维护和监测评估应符合《水电工程水土保持生态修复技术规范》（NB/T 10510—2021）有关规定。

2. 水土流失治理

（1）管理范围。

对水电站管理区域内泥石流、滑坡和库岸垮塌等地质灾害有效处置，采取的植被补种和生态修复工程措施，包括日常维护、应急抢险、记录台账和监测评价。

（2）存在环保风险点。

1）未按规定开展巡视检查，未及时发现水土流失。

2）发生泥石流、滑坡、库岸垮塌等未及时上报，未及时采取应急处置措施。

3）未按规定开展泥石流、滑坡、库岸垮塌等监测评价，巡视检查及监测评价台账记录不详细不规范。

4）未建立泥石流、滑坡、库岸垮塌等水土流失地质灾害应急预案，未开展应急演练。

（3）标准及要求。

1）按照《中华人民共和国水土保持法》第17条要求，禁止在崩塌、滑坡危险区和泥石流易发区从事取土、挖砂、采石等可能造成水土流失的活动，水土流失严重、生态脆弱的地区，应当限制或者禁止可能造成水土流失的生产建设活动，严格保护植物、沙壳、结皮、地衣等。违法行为的处罚详见《中华人民共和国水土保持法》第 6 章。

2）按照《中华人民共和国水土保持法》第 32、41 条要求，生产建设项目或者从事其他生产建设活动造成水土流失的，应当进行治理。对可能造成严重水土流失的大中型生产建设项目，生产建设单位应当自行或委托具备水土保持监测资质的机构，对生产建设活动造成的水土流失进行监测，并将监测情况定期上报当地水行政主管部门。

3）综合运用实地调查、地面观测、卫星遥感、无人机遥测等多种方法开展水土保持监测，监测内容应包括水土流失影响因素、水土流失状况、水土流失危害、水土保持措施实施情况等。监测范围、监测频次及精度、监测点布设、监测评价和检测报告等要求详见《水电工程水土保持监测技术规程》（NB/T 10506—2021）。

六、固体废物、危险废物污染防治

1．固废处置与管理

（1）管理范围。

水电厂在工业生产过程中产生的丧失原有利用价值或者虽未丧失利用价值但被抛弃或者放弃的固态、半固态和置于容器中的气态的物品、物质以及法律、行政法规规定纳入固体废物管理的物品、物质的收集、贮存、利用、处置管理。

（2）存在环保风险点。

1）固体废物的贮存场所未采取防扬散、防流失、防渗漏或者其他防止污染环境的措施，擅自倾倒、堆放、丢弃、遗撒固体废物。

2）在水库及其最高水位线以下的滩地和岸坡以及法律法规规定的其他地点倾倒、堆放、贮存固体废物。

3）未建立固体废物管理台账，未如实记录产生固体废物的种类、数量、流向、贮存、利用、处置等信息。

4）委托他人运输、利用、处置固体废物时，受托方的主体资格和技术能力不符合法律、规范要求，未依法签订书面合同等。

（3）标准及要求。

1）一般固体废物贮存场的选址和技术要求应符合《一般工业固体废物贮存和填埋污染控制标准》（GB 18599）第4、5条的要求。

2）电厂应制定突发环境事件应急预案或在突发事件应急预案中制定环境应急预案专章，说明各种可能发生的突发环境事件情况及应急处置措施。

3）固体废物贮存场的环境保护图形标志应符合《环境保护图形标志 固体废物贮存（处置）场》（GB 15562.2—1995）的规定，并应定期检查和维护。

4）固体废物贮存场产生的渗滤液应进行收集处理，达到 GB 8978 要求后方可排放。

5）水电厂委托他人运输、利用、处置工业固体废物的，应当对受托方的主体资格和技术能力进行核实，依法签订书面合同，在合同中约定污染防治要求。

2. 危废处置与管理

（1）管理范围。

水电厂生产过程中产生的废矿物油、废弃树脂、废铅酸蓄电池等收录在《国家危险废物名录》（2021 年版）（生态环境部　国家发展和改革委员会公安部交通运输部国家卫生健康委员会令第 15 号）中的危险废物的收集、贮存、利用、处置管理。

（2）存在环保风险点。

1）未按要求向所在地县级以上地方人民政府环境保护行政主管部门如实申报危险废物的种类、产生量、流向、贮存、处置等有关资料，或申报事项有重大改变时，未及时申报。

2）未按《环境保护图形标志　固体废物贮存（处置）场》（GB 15562.2—1995）的有关规定设置警示标识、标志。同一区域贮存两种或两种以上不同级别的危险废物时，未按最高等级危险废物的性能标志。已有的警示标识未明确包括特性、成分、货物的名称及其重量、需要对该种危险废物发生扩散及泄露情况下所应采取的紧急补救措施进行详要的说明等内容。

3）未制定危险废物出入库管理制度，或未按已制定的危险废物出入库管理制度执行。

4）危险废物未按要求分类收集，未在专用的危险废物贮存设施内贮存；在常温常压下易爆、易燃及排出有毒气体的危险废物贮存前未进行预处理；遇火、遇热、遇潮能引起燃烧、爆炸或发生化学反应，产生有毒气体的危险废物在露天或在潮湿、积水的建筑物中贮存；受日光照射能发生化学反应引起燃烧、爆炸、分解、化合或能产生有毒气体的危险废物未按要求贮存在一级建筑物中。

5）在转移危险废物前，未按照国家有关规定报批危险废物转移计划或转移交接手续不到位。对危险废物运输的容器、装载的方式、运输工具、运输路线以及泄露或临时事故的补救措施不适宜。

6）危险废物贮存设施内清理出来的泄漏物未按相关标准处理。

7）未建立危险废物档案台账及规章制度，或台账管理不规范。

8）危险废物委托处理的机构不具备相应的资质。

（3）标准及要求。

1）危险废物管理应依据《中华人民共和国固体废物污染环境防治法》《危险废物经营许可证管理办法》（国务院令第408号）、《危险废物转移管理办法》（2013修订）（生态环境部公安部交通运输部令第23号）、《危险废物焚烧污染控制标准》（GB 18484—2020）、《危险废物贮存污染控制标准》（GB 18597—2023）、《危险废物填埋污染控制标准》（GB 18598—2019）和《危险废物产生单位管理计划制定指南》（环境保护部公告2016年第7号）等法律法规和标准规范管理。

2）按照《中华人民共和国固体废物污染环境防治法》第79条要求，产废单位按照国家有关规定和环境保护标准要求贮存、利用、处置危险废物，不得擅自倾倒、堆放。

3）水电厂应按照最新版《国家危险废物名录》（2021年版）（生态环境部　国家发展和改革委员会公安部交通运输部国家卫生健康委员会令第15号）以及项目环评、成分检测、属性鉴别等辨识出本单位危险废物。水电厂常见的危险废物有废矿物机油、废树脂、废铅酸蓄电池、废灯管、废电子元件、废酸液、废碱液、实验室废液等。

4）水电厂在将危险废物自行利用处置前，或者委托有资质单位利用处置前，应使用专用容器（或包装物）进行分类收集，准确计量废物重量（数量）或体积，做好入库台账记录，张贴规范标签后转移至危险废物专用库房。

5）安全贮存设施必须符合《危险废物贮存污染控制标准》（GB 18597—2023）、《危险废物收集、贮存、运输技术规范》（HJ 2025—2012），且满足环保"三同时"。危险废物库房必须专库专用，并且防护措施完善，不得与其他库房混用。在库房内部做好分类分区管理，完善各类标牌、标识、标签、标语，做好台账交接记录。

6）转移处置前需正确辨识危险废物属性，选择合适的容器、装载的方式和运输工具，制定安全运输路线，制定事故应急预案，办理转移联单，保障转移安全。跨省转移危险废物在实施转移前，须经产废单位所在地及接收地省级生态环境主管部门同意后，方可实施转移。转移运输满足《危险废物收集、贮存、运输技术规范》（HJ 2025—2012）要求。

7）自行利用处置危险废物，必须按照环境影响评价文件批复要求进行危险废物利用处置，在利用处置过程中，要做好相关记录，对于利用处置设施要加强运行维护，及时开展环境监测，确保做到达标排放。委托第三方进行利用处置时，第三方资质及经营范围必须符合要求，签订处置合同，明确各自权利与义务。

8）危险废物的档案台账管理时限是 5 年以上，特别是危险废物委托协议、运输合同、出入库台账、转移联单等是检查的必需内容。台账管理还包括申报登记、管理计划、应急预案、环境监测、培训演练等内容。

3．尾矿堆存场管理

（1）管理范围。

水电厂水库淹没区筑坝拦截谷口或围地构成的，用以堆存金属、非金属矿山进行矿石选别后排出尾矿、湿法冶炼过程中产生的废物或其他工业废渣的场所。

（2）存在环保风险点。

1）擅自倾倒、堆放、丢弃、遗撒尾矿，或者未采取相应防范措施，造成尾矿扬散、流失、渗漏或者其他环境污染。

2）发现尾矿堆存场周边土壤和地下水存在污染物渗漏或者含量升高等污染迹象，未采取措施导致环境污染事件。

3）尾矿堆存场挡排水设施、护脚和压坡设施破损，经地面径流冲刷渣体表面而引起堆渣体坍塌。

4）未开展尾矿堆存场突发环境事件风险评估，未编制、修订、备案尾矿库突发环境事件应急预案，环境应急物资储备不足，未定期组织开展尾矿库突发环境事件应急演练，而受到地方生态环境监管部门处罚。

5）尾矿堆存场未采取措施保证地下水水质监测井继续正常运行，未按照国家有关规定持续进行地下水水质监测，下游地下水水质超出上游地下水水质或者所在区域地下水水质本底水平。

（3）标准及要求。

1）尾矿堆存场管理应依据《中华人民共和国环境保护法》《中华人民共和国固体废物污染环境防治法》《中华人民共和国土壤污染防治法》《尾矿污染环境防治管理办法》（2022）（生态环境部令第26号）、《尾矿库安全规程》（GB 39496—2020）等法律法规和标准规范管理。

2）尾矿堆存场排洪设施出现影响安全使用的裂缝、腐蚀或磨损，坝面局部出现纵向或横向裂缝，坝肩无截水沟，山坡雨水冲刷坝肩，应立即处理缺陷。

3）坝体出现严重的管涌、流土、裂缝、坍塌和滑动等现象的，排洪系统严重堵塞或者坍塌，不能排水或排水能力急剧降低，应立即进行抢险处理。

4）坝外坡面维护工作应按设计要求进行，尾矿坝下游坡面上不得有积水坑。坝体出现冲沟、裂缝、塌坑等现象时，应及时处理。

5）应在尾矿堆存场区域设置明显的安全警示标识。

6）洪水过后应对坝体和排洪设施进行全面检查，发现问题及时处理。

7）尾矿坝上和尾矿库区内不得建设与尾矿库运行无关的建（构）筑物。

8）尾矿坝上和对尾矿库产生安全影响的区域不得进行乱采、滥挖和非法爆破等违规作业。

七、其他污染防治

1．大气污染防治

（1）管理范围。

水电厂在生产、运行、管理过程中产生颗粒物、二氧化硫、氮氧化物、挥发性有机物、氨等大气污染物的设备、设施。

（2）存在环保风险点。

1）电厂设备检修产生的 SF_6 气体未集中收集，排放至大气中。

2）施工工地未设置硬质围挡，或者未采取覆盖、分段作业、择时施工、洒水抑尘、冲洗地面和车辆等有效防尘降尘措施的。

3）建筑土方、工程渣土、建筑垃圾未及时清运，或者未采用密闭式防尘网遮盖的。

4）机动车未及时开展维修，导致排放大气污染物超过标准，机动车定检不合格，未开展维修，达到强制报废的，未开展报废依然使用。

5）未安装油烟净化设施、不正常使用油烟净化设施或者未采取其他油烟净化措施，超过排放标准排放油烟。

（3）标准及要求。

1）大气污染防治管理应依据《中华人民共和国大气污染防治法》《中华人民共和国道路交通安全法》《高压开关设备和控制设备中六氟化硫（SF_6）的使用和处理》（GB/T 28537—2012）等法律法规和标准规范管理。

2）SF_6气体应采用吸附剂回收法、化学转化法等方式进行回收处理或转换成不会对环境产生负面影响的物质。

3）运输垃圾、渣土、砂石、土方等散装、流体物料的车辆应当采取密闭或者其他措施防止物料遗撒造成扬尘污染。

4）在用机动车排放大气污染物超过标准的，应当进行维修；经维修或者采用污染控制技术后，大气污染物排放仍不符合国家在用机动车排放标准的，应当强制报废。

5）食堂应当安装油烟净化设施并保持正常使用，或者采取其他油烟净化措施，使油烟达标排放。

2．噪声污染防控

（1）管理范围。

水电厂在生产活动中产生干扰周围生活环境声音的设备、设施。

（2）存在环保风险点。

1）工作场地存在噪声职业病危害因素，而现场未配备足够的个人防护设备或者防护设施未按规定进行维护、检修、检测，或者不能保持正常运行、使用状态。

2）未定期开展噪声职业病危害因素检测或者检测、评价报告未存档、上报、公布。

3）产生噪声职业病危害因素场所，未设置警示标志，警示说明不完善。

（3）标准及要求。

1）噪声污染防控管理应依据《中华人民共和国噪声污染防治法》《中华人民共和国职业病防治法》《工作场所职业卫生监督管理规定》（2012）（国家安全生产监督管理总局令第47号）等法律法规和标准规范管理。

2）水电厂噪声监测依据《电力行业劳动环境监测技术规范　第3部分：生产性噪声监测》（DL/T 799.3—2010）执行。

3）存在或者产生职业病危害的工作场所、作业岗位、设备、设施，应当按照《工作场所职业病危害警示标识》（GBZ 158）的规定，在醒目位置设置图形、警示线、警示语句等警示标识和中文警示说明。警示说明应当载明产生职业病危害的种类、后果、预防和应急处置措施等内容。

4）职业病危害一般的用人单位，应当委托具有相应资质的职业卫生技术服务机构，每三年至少进行一次职业病危害因素检测。检测、评价结果应当存入本单位职业卫生档案，并向卫生健康主管部门报告和劳动者公布。

5）用人单位应当对职业病防护设备、应急救援设施进行经常性的维护、检修和保养，定期检测其性能和效果，确保其处于正常状态，不得擅自拆除或者停止使用。

3．土壤污染防控

（1）管理范围。

水电厂建设、生产运行所需土地，包括不限于生产区域、库区、生活营地、仓库、渣场、临时用地复垦土地、采料场、尾矿堆放区、自然保护小区等区域土壤。

（2）存在环保风险点。

1）固体废物堆放场所有毒有害物质渗漏，未及时采取措施，导致土壤污染。

2）尾矿堆存场有毒有害物质渗漏，未及时采取措施，导致土壤污染。

3）污水处理设施未正常投运，导致周边土壤污染。

4）拆除设施、设备或者建筑物、构筑物，未采取相应的防治措施，导致土壤污染。

5）生活垃圾未按要求无害化处理，擅自倾倒、堆放、丢弃、遗撒，导致周边土壤污染。

（3）标准及要求。

1）固体废物贮存场产生的渗滤液应进行收集处理，达到《污水综合排放标准》（GB 8978—1996）要求后方可排放。

2）尾矿堆存场依据《尾矿库安全规程》（GB 39496—2020）要求开展运行、维护。

3）污水处理系统运行依据《污水综合排放标准》（GB 8978—1996）开展相关工作。

4）生活垃圾处理严格按照《生活垃圾处理技术指南》（建城〔2021〕61号）执行，遵循"减量化、资源化、无害化"原则处理。

4．电磁环境污染防治

（1）管理范围。

水电厂在生产活动中产生合成电场、工频电场、工频磁场的设备、设施。

（2）存在环保风险点。

1）工作场地存在工频电场、磁场职业病危害因素，而现场未配备足够的个人防护设备或者防护设施未按规定进行维护、检修、检测，或者不能保持正常运行、使用状态。

2）未定期开展工频电场、磁场职业病危害因素检测或者检测、评价报告未存档、上报、公布。

3）产生工频电场、磁场职业病危害因素场所，未设置警示标志，警示说明不完善。

（3）标准及要求。

1）电磁环境污染防控管理应依据《中华人民共和国职业病防治法》《工作场所职业卫生监督管理规定》（2012）（国家安全生产监督管理总局令第47号）等法律法规和标准规范管理。

2）水电厂工频电场、磁场监测依据《电力行业劳动环境监测技术规范　第7部分：工频电场、磁场监测》（DL/T 799.7—2010）执行。

3）存在或者产生职业病危害的工作场所、作业岗位、设备、设施，应当按照《工作场所职业病危害警示标识》（GBZ 158）的规定，在醒目位置设置图形、警示线、警示语句等警示标识和中文警示说明。警示说明应当载明产生职业病危害的种类、后果、预防和应急处置措施等内容。

4）职业病危害一般的用人单位，应当委托具有相应资质的职业卫生技术服务机构，每三年至少进行一次职业病危害因素检测。检测、评价结果应当存入本单位职业卫生档案，并向卫生健康主管部门报告和劳动者公布。

5）用人单位应当对职业病防护设备、应急救援设施进行经常性的维护、检修和保养，定期检测其性能和效果，确保其处于正常状态，不得擅自拆除或者停止使用。

八、重点区域生态保护

1．自然保护地

（1）管理范围。

适用于水电站所属枢纽区、库区、生产营地等区域自然保护地的日常管理维护、记录台账和监测评价。

（2）存在环保风险点。

1）未按照规定开展自然保护地日常管理维护，导致生态环境破坏。

2）自然保护地发生环境污染事件未及时上报，未及时处置。

3）管理制度不完善或执行不到位，管理人员不符合现场实际要求。

4）未按照规定开展巡视检查工作，自然保护地内发生违规建设、烧荒、开矿等活动导致自然保护地生态环境被破坏。

5）运行维护及巡视检查台账记录不详细、不规范。

6）未按规定开展自然保护地环境监测评价。

（3）标准及要求。

1）禁止在自然保护区内进行砍伐、放牧、狩猎、捕捞、采药、开垦、烧荒、开矿、采石、挖沙、爆破等活动。禁止在水生动植物自然保护区域内新建生产设施。禁止在自然保护区及其外围保护地带建立污染、破坏或者危害自然保护区自然环境和自然资源的设施。具体要求详见《中华人民共和国自然保护区条例》第 26 条、《中华人民共和国水生动植物自然保护区管理办法》（2014 修订）（农业部令第 24 号）第 16 ~ 19 条和《自然保护区土地管理办法》（国家土地管理局　国家环境保护局〔1955〕国土〔法〕字第 117 号）第 17 条。对自然保护区造成破坏的，按照《中华人民共和国自然保护区条例》（2017 修订）（国务院令第 167 号）第 35 条处罚。

2）按照《中华人民共和国野生植物保护条例》（2017 修订）（国务院令第 204 号）第 12、14 条要求，应当监视、监测环境对国家重点保护野生植物和地方重点保护植物生长的影响，并采取措施，维护和改善野生植物生长条件。对生长受到威胁的国家重点保护野生植物和地方重点保护植物应当采取拯救措施，保护或者恢复其生长环境，必要时应当建立繁育基地、种质资源库或者采取迁地保护措施。

2．种质资源保护区

（1）管理范围。

适用于水电站所属枢纽区、库区、生产营地等区域种质资源保护区的日常管理维护、记录台账和监测评价。

（2）存在环保风险点。

1）未按照环评要求开展种质资源保护区日常管理维护，种质资源保护区被破坏。

2）未按要求开展巡视检查，种质资源保护区被破坏未及时上报，未及时处置。

3）管理制度不完善或执行不到位，管理人员不符合现场实际要求，缺少巡检及维护记录。

4）日常维护及巡视检查台账记录不详细、不规范。

5）未按规定开展种质资源保护区监测评价。

（3）标准及要求。

1）按照《中华人民共和国渔业法》要求，国家保护水产种质资源及其生存环境，并在具有较高经济价值和遗传育种价值的水产种质资源的主要生长繁育区域建立水产种质资源保护区，未经国务院渔业行政主管部门批准，任何单位或个人不得在水产种质资源保护区从事捕捞活动。

2）按照《水电工程环境影响评价规范》（NB/T 10347—2019）第 3.6.1 条要求，将水产种质资源保护区纳入重要水生生态敏感区。

3）按照《中华人民共和国野生植物保护条例》（2017 修订）（国务院令第 204 号）第 14 条要求，对生长受到威胁的国家重点保护野生植物和地方重点保护植物应当采取拯救措施，保护或者恢复其生长环境，必要时应当建立繁育基地、种质资源库或者采取迁地保护措施。

4）在中华人民共和国领域和中华人民共和国管辖的其他水域内设立和管理水产种质资源保护区，从事涉及水产种质资源保护区的有关活动，应当遵守《水产种质资源保护区管理办法》（2016 修订）（农业部令第 3 号），第 15 ~ 18 条要求，水产种质资源保护区管理机构应制定水产种质资源保护区具体管理制度，设置和维护水产种质资源保护区界碑、标志物及有关保护设施，开展水生生物资源及其生存环境的调查监测、资源养护和生态修复等工作，救护伤病、搁浅或误捕的保护物种。禁止在水产种质资源保护区内从事围湖造田、围海造地或围填海工程，禁止在水产种质资源保护区内新建排污口。

3.饮用水水源保护区

（1）管理范围。

水电站所属枢纽区、库区、生产营地等区域涉及的饮用水水源保护区的日常管理维护、记录台账和监测评价。

（2）存在环保风险点。

1）未按规定开展饮用水水源保护区保护，导致生态环境破坏。

2）未按规定开展巡视检查工作，饮用水水源保护区发生水污染事件未及时上报。

3）管理制度不完善或执行不到位，未配置管理人员或管理人员不符合现场实际要求。

4）未按规定开展水质监测评价。

5）巡视检查及水质监测台账记录不详细、不规范。

（3）标准及要求。

1）按照《中华人民共和国水污染防治法》第33条、《饮用水水源保护区污染防治管理规定》（国家环境保护局卫生部建设部水利部地矿〔89〕环管字第201号）第6、11、13条要求，禁止向水体排放油类、酸液、碱液或者剧毒废液。禁止在水体清洗装贮过油类或者有毒污染物的车辆和容器。按照第59条要求，船舶的残油、废油应当回收，禁止排入水体。按照第64～67条要求，在饮用水水源保护区内，禁止设置排污口，禁止在饮用水水源一级保护区、二级保护区内新建、改建、扩建与供水设施和保护水源无关的建设项目。

2）按照《中华人民共和国水土保持法》第 36 条要求，在饮用水水源保护区，采取预防保护、自然修复和综合治理措施，配套建设植物过滤带，积极推广沼气，开展清洁小流域建设，严格控制化肥和农药的使用，减少水土流失引起的面源污染，保护饮用水水源。

3）按照《水电工程环境影响评价规范》（NB/T 10347—2019）第 6.5.3 条要求，涉及饮用水水源保护区等地表水质敏感对象时，应增设水质监测断面以满足评价要求。

4．其他环境敏感点

（1）管理范围。

水电站所属枢纽区、库区、生产营地等区域涉及的森林公园、风景名胜区等环境敏感点的日常管理维护、记录台账和监测评价。

（2）存在环保风险点。

1）未进行电站周边主要环境敏感区风险辨识或辨识区域不全面，未按要求落实环境敏感点保护措施。

2）环境敏感点发生环境污染事件未及时上报，未及时处置。

3）未建立环境敏感点巡视检查制度，未按规定开展巡视检查工作。

4）未按规定开展环境敏感点监测评价，环境监测及巡视检查台账记录不详细不规范。

（3）标准及要求。

1）按照《中华人民共和国野生植物保护条例》（2017 修订）（国务院令第 204 号）第 16 条要求，因科学研究、人工培育等特殊需要，采集城市园林、风景名胜区内的国家保护野生植物的，需先征得城市园林、风景名胜区管理机构同意，按规定申请采集证。

2）按照《建设项目环境影响评价技术导则 总纲》（HJ 2.1—2016）第 3.8、5.3 条要求，依据环境影响因素识别结果确定环境保护目标，根据环境影响因素识别结果，开展相应的现状调查与评价。调查评价范围内的环境功能区划和主要的环境敏感区，详细了解环境保护目标的地理位置、服务功能、四至范围、保护对象和保护要求等。

3）按照《中华人民共和国风景名胜区条例》（2016 修订）（国务院令第 666 号）第 30 条要求，风景名胜区内的建设项目应当符合风景名胜区规划，并与景观相协调，不得破坏景观、污染环境、妨碍游览。在风景名胜区内进行建设活动的，建设单位、施工单位应当制定污染防治和水土保持方案，并采取有效措施，保护好周围景物、水体、林草植被、野生动物资源和地形地貌。

4）在风景名胜区内进行开山、采石、开矿等破坏景观、植被、地形地貌活动，在风景名胜区内修建储存爆炸性、易燃性、放射性、毒害性、腐蚀性物品设施，在核心景区内建设宾馆、招待所、培训中心、疗养院以及与风景名胜资源保护无关的其他建筑物或施工过程中对周围景物、水体、林草植被、野生动物资源和地形地貌造成破坏的，按照《中华人民共和国风景名胜区条例》（2016 修订）（国务院令第 666 号）第 40、46 条处罚。

第五章　生态环境监测管理

　　水电工程环境监测应掌握工程施工和运行过程中有关环境要素或因子的动态变化，监控环境措施落实情况，验证环境保护措施效果。

一、生态监测

1. 陆生生态监测

（1）监测范围。

结合工程建设特点和影响分析结论，在施工临时占地区、水库库周、水库消落带、植物移栽区、陆生生态敏感区开展监测，主要监测对象是陆生动植物，包括植被恢复情况及覆盖度，植物物种组成及生长状况，野生动物物种及栖息地活动情况，重要生境分布及人为干扰情况、保护措施效果。

（2）存在环保风险点。

1）未按照规范要求开展陆生生态监测、数据分析等。如使用不准确或不适合的技术和设备，导致监测数据不准确或不可靠。

2）未对监测产生的数据进行有效的采集、记录和处理，导致监测结果有误，影响陆生生态的评估。

3）陆生生态监测点位、监测频次不满足环评报告及批复文件要求，未开展比对监测。

4）未根据陆生生态环境变化，适时调整监测因子，不满足现行的法律法规和规程规范要求。

（3）标准及要求。

1）按照《中华人民共和国环境保护法》第 17 条要求，应当使用国家标准的监测设备，遵守监测规范，对监测数据的真实性和准确性负责。

2）按照《中华人民共和国野生动物保护法》《中华人民共和国野

生植物保护条例》（2017 修订）（国务院令第 204 号）第 11、12 条要求，对野生动物和野生植物要依法依规开展监测。

3）根据《中国的生物多样性保护战略与行动计划》（2011～2030年），明确生态环境监测的方针、政策和标准。

4）按照《水电工程珍稀濒危植物及古树名木保护设计规范》（NB/T 10487—2021）和《生物多样性观测技术导则》（HJ 710—2014）要求，开展陆生植物和陆生动物监测。

2．水生生态监测

（1）监测范围。

结合工程建设特点和影响分析结论，在水生生境（索饵场、产卵场、栖息地等）、过鱼设施（鱼道、仿自然通道、升鱼机或集运鱼系统等）、鱼类增殖放流站等开展监测，主要包括水生生境参数，水生生态种类及资源量，鱼类种类、资源量及重要生境参数，鱼类保护措施效果等。

（2）存在环保风险点。

1）未按照规范要求开展水生生态监测、数据分析等。如使用不准确或不适合的技术和设备，导致监测数据不准确或不可靠。

2）未对监测产生的数据进行有效的采集、记录和处理，导致监测结果有误，影响水生生态的评估。

3）水生生态监测点位、监测频次不满足环评报告及批复文件要求，未对鱼类保护措施效果进行监测。

4）未根据水生生态环境变化，适时调整监测因子，不满足现行的法律法规和规程规范要求。

（3）标准及要求。

1）按照《中华人民共和国环境保护法》第 17 条要求，应当使用国家标准的监测设备，遵守监测规范，对监测数据的真实性和准确性负责。

2）依据《关于进一步加强水生生物资源保护严格环境影响评价管理的通知》（环发〔2013〕第 86 号）和《关于加强长江水生生物保护工作的意见》（国办发〔2018〕第 95 号），对进一步加强水生生物资源及其生境保护，以及做好环境影响评价管理作出了明确要求。

3）按照《生物多样性观测技术导则》（HJ 710—2014）要求，开展水生生态监测。

4）按照《内陆水域浮游植物监测技术规程》（SL 733—2016），对浮游植物监测断面、样品采集、处理和保存作了具体要求。

二、环境监测

1．水环境（水质、水温、过饱和等）

（1）监测范围。

结合工程建设特点和影响分析结论，主要对地表水、地下水、饮用水等开展监测，在库尾、库中、坝前、减水河段、电站发电尾水下游、水环境敏感区设置监测点，主要监测包括水质、水温、总溶解气体饱和度等要素。

（2）存在环保风险点。

1）未按照规范要求开展监测、数据分析等。如传感器、采样器等出现故障，数据分析方法不科学，导致监测数据不准确或不可靠。

2）工程施工活动干扰导致水体搅浑、扰动底泥、增加悬浮物等，以及突发意外泄漏等事件，对监测产生干扰，导致监测数据无法反映真实状况。

3）未对监测产生的数据，进行有效的采集、记录和处理，导致监测结果有误，影响水环境的评估。

4）水环境监测点位、监测频次不满足环评报告及其批复文件要求，无法全面、准确反映水环境状况。

5）未根据水环境变化，适时调整监测因子，不满足现行的法律法规和规程规范要求。

（3）标准及要求。

1）按照《中华人民共和国环境保护法》第 17 条要求，应当使用国家标准的监测设备，遵守监测规范，对监测数据的真实性和准确性负责。

2）按照《关于进一步加强水电建设环境保护工作的通知》（环办〔2012〕4 号）要求，企业要开展流域生态基础调查和长期跟踪监测，逐步构建流域生态监测体系和流域生态环境数据库。

3）依据《水环境监测规范》（SL 219—2013）规定，明确地表水、地下水等监测点位、监测频次、数据处理与管理的主要技术内容、要求和指标。

4）依据《水电工程水温计算规范》（NB/T 35094—2017）、《水电工程水温实时监测系统技术规范》（NB/T 10386—2020）规定，明确水温监测内容、要求和指标等。

5）依据《地表水环境质量标准》（GB 3838—2002）、《环境影响评价技术导则 地表水环境》（HJ 2.3—2018）、《地表水资源质量评价技术规程》（SL 395—2007）、《地表水自动监测技术规范（试行）》（HJ 915—2017）、《地表水环境质量监测技术规范》（HJ 91.2—2022）等规定，明确地表水监测因子、监测方法、监测点位、监测频次等技术要求和指标等。

6）依据《地下水质量标准》（GB/T 14848—2017）、《地下水监测工程技术规范》（GB/T 51040—2014）、《环境影响评价技术导则 地下水环境》（HJ 610—2016）、《地下水环境监测技术规范》（HJ 164—2020）等规定，明确地下水监测因子、监测方法、监测点位、监测频次等技术要求和指标等。

7）饮用水按照《地表水环境质量标准》（GB 3838—2002）进行监测评价。

2．污废水

（1）监测范围。

结合工程建设特点和影响分析结论，对砂石料加工场、混凝土拌合系统、修配系统、施工生活区等开展监测，在各废水、污水处理设施的进水口、出水口等设置监测点，主要监测 pH 值、SS、BOD_5、COD、粪大肠菌群、氨氮、总磷、污水流量、石油类等要素。

（2）存在环保风险点。

1）未按照规范要求开展监测、数据分析等。如传感器、采样器等出现故障，数据分析方法不科学，导致监测数据不准确或不可靠。

2）工程施工活动干扰导致污废水的流动和混合情况，以及突发意外泄漏等事件，对监测产生干扰，导致监测数据无法反映真实状况。

3）未对监测产生的数据，进行有效的采集、记录和处理，导致监测结果有误，影响污废水的评估。

4）污废水监测点位、监测频次不满足环评报告及其批复文件要求，无法全面、准确反映污废水状况。

5）未适时调整监测因子，不满足现行的法律法规和规程规范要求。

（3）标准及要求。

1）按照《中华人民共和国环境保护法》第 17 条要求，应当使用国家标准的监测设备，遵守监测规范，对监测数据的真实性和准确性负责。

2）按照《中华人民共和国水污染防治法》第 24、82 条要求，企业应当对监测数据的真实性和准确性负责，以及未按照规定对所排放的水污染物进行自行监测、未保存原始监测记录、伪造监测数据等行为进行罚款或停产整治。

3）依据《污水综合排放标准》（GB 8978—1996）、《污水监测技术规范》（HJ 91.1—2019）规定，明确污水监测点位、监测频次、数据处理与管理的主要技术内容、要求和指标。

3．大气环境

（1）监测范围。

结合工程建设特点和影响分析结论，对施工作业区、料场、渣场、砂石料加工系统等施工场地，施工道路沿线以及大气环境敏感区等开展监测，主要监测 TSP、PM10、SO_2、NO_2、气温、降水、湿度及其他敏感气象等要素。

（2）存在环保风险点。

1）未按照规范要求开展监测、数据分析等。如监测设备（气象站、气体和颗粒物监测仪器等）出现故障，数据分析方法不科学，导致监测数据不准确或不可靠。

2）工程施工活动干扰和扰动大气污染物的扩散和分布，以及突发大气污染等事件，对监测产生干扰，导致监测数据无法反映真实状况。

3）未对监测产生的数据，进行有效的采集、记录和处理，导致监测结果有误，影响大气环境的评估。

4）大气环境的监测点位、监测频次不满足环评报告及其批复文件要求，无法全面、准确反映大气环境状况。

5）未及时调整大气环境监测因子，不满足现行的法律法规和规程规范要求。

（3）标准及要求。

1）按照《中华人民共和国环境保护法》第 17 条要求，应当使用国家标准的监测设备，遵守监测规范，对监测数据的真实性和准确性负责。

2）按照《中华人民共和国大气污染防治法》第 24 条要求，企业应当按照国家有关规定和监测规范，对其排放的有毒有害大气污染物进行监测，并保存原始监测记录。

3）依据《大气污染物综合排放标准》（GB 16297—1996）、《环境影响评价技术导则 大气环境》（HJ 2.2—2018）规定，明确大气污染物排放监测内容、要求和指标等。

4.声环境

（1）监测范围。

结合工程建设特点和影响分析结论，对施工作业区，料场、渣场、砂石加工系统等施工场地区，施工道路沿线以及声环境敏感区等开展监测，主要监测声音的级别和频率等要素。

（2）存在环保风险点。

1）未按照规范要求开展监测、数据分析等。如监测设备（噪声测量仪器等）出现故障，数据分析方法不科学，导致监测数据不准确或不可靠。

2）工程施工活动对监测仪器产生干扰，导致监测数据无法反映真实状况。

3）未对监测产生的数据，进行有效的采集、记录和处理，导致监测结果有误，影响声环境的评估。

4）声环境的监测点位、监测频次不满足环评报告及其批复文件要求，无法全面、准确反映声环境状况。

5）环境条件的变化，如气象条件（风速、温度、湿度等）和背景噪声的变化，会影响噪声传播和测量的准确性和可比性。

（3）标准及要求。

1）按照《中华人民共和国环境保护法》第 17 条要求，应当使用国家标准的监测设备，遵守监测规范，对监测数据的真实性和准确性负责。

2）按照《中华人民共和国噪声污染防治法》第 42 条要求，建设单位应当按照国家规定，设置噪声自动监测系统，保留原始监测记录，对监测数据的真实性和准确性负责。

3）依据《声环境质量标准》（GB 3096—2008）、《建筑施工场界环境噪声排放标准》（GB 12523—2011）、《环境影响评价技术导则 声环境》（HJ 2.4—2021）规定，明确声环境监测点位、监测频次、数据处理与管理的主要技术内容、要求和指标。

5．固废危废

（1）监测范围。

结合工程建设特点和影响分析结论，对施工作业区，料场、渣场、砂石加工系统等施工场地区，生产生活区等开展监测，主要有废料、涂料废物、废矿物油、含铬硒镉汞铅废物、废酸碱以及其他废物等，监测固废和危险废物的产量、累积量和质量变化情况，以及处置和处理方式。

（2）存在环保风险点。

1）未按照规范要求开展监测、数据分析等。如监测设备（分析仪器、测量仪器等）出现故障，数据分析方法不满足规范要求，导致监测数据不准确或不可靠。

2）未对监测产生的数据，进行有效的采集、记录和处理，导致监测结果有误，影响固废和危险废物的评估。

3）固废和危险废物污染监测点位、监测频次不满足环评报告及其批复文件要求。

4）固废和危险废物可能具有不稳定性，其特性和组成可能随时间、环境条件等因素变化，导致监测结果受到干扰并产生偏差。

（3）标准及要求。

1）按照《中华人民共和国环境保护法》第 17 条要求，应当使用国家标准的监测设备，遵守监测规范，对监测数据的真实性和准确性负责。

2）《中华人民共和国固体废物污染环境防治法》对工业固体废物、生活垃圾、建筑垃圾、危险废物等现场监测、处置进行明确规定。

3）《国家危险废物名录》（生态环境部国家发展和改革委员会公安部交通运输部国家卫生健康委员会令第 15 号）规定，根据危险特性将危险废物分为不同类别，并对其管理和处理提出具体要求。在进行危险废物监测时，需要按照相关名录确定废物的分类、识别和处理，并与相关的危险废物管理要求进行对比。

4）依据《中华人民共和国固体废物污染环境控制标准》（GB 16889—2008）规定，在进行固废监测时，应与相关的固废排放标准进行对比，以评估固废治理措施是否符合要求。

5）根据当地环保、生态资源等监管部门的要求，进行固废和危险废物污染监测。监管部门可能要求在施工和运营阶段进行固废和危险废物的定期或不定期监测，要求监测的范围、频率、时段等。

6．电磁环境

（1）监测范围。

结合工程建设特点和分析结论，对工程输电线路、发电机组和变压器、控制系统和通信设备等进行监测，主要监测电场和磁场强度等要素。

（2）存在环保风险点。

1）未按照规范要求开展监测、数据分析等。如电场和磁场测量仪器、频谱分析仪器等设备出现故障，数据分析方法不科学，导致监测数据不准确或不可靠。

2）未对监测产生的数据，进行有效的采集、记录和处理，导致监测结果有误，影响电磁环境的评估。

3）电磁环境监测点位、监测频次不满足环评报告及其批复文件要求，无法全面、准确反映电磁环境状况。

4）未根据环境变化，适时调整监测因子，不满足现行的法律法规和规程规范要求。

（3）标准及要求。

1）按照《中华人民共和国环境保护法》第 17、42 条要求，应当使用国家标准的监测设备，遵守监测规范，对监测数据的真实性和准确性负责，同时要对电磁环境污染进行预防和控制。

2）依据《电磁环境控制限值》（GB 8702—2014）、《环境影响评价技术导则 输变电》（HJ 24—2020）规定，明确工作场所中电磁辐射限制值的详细要求，包括电场强度、磁感应强度等指标。

3）根据当地环保、生态资源等监管部门的要求，进行电磁环境监测。

三、水土保持监测

1．水土流失调查监测

（1）监测范围。

结合工程建设特点和影响分析结论，对取土（石、料）场、弃土（石、渣）场、征占地、水土流失区和工程扰动区等进行监测，主要监测气象水文、地形地貌、地表组成物质、植被等自然影响因素，工程建设对原地表、水土保持设施、植被的占压和损毁情况，工程征占地和水土流失防治责任范围变化情况、工程弃土（石、渣）场的占地面积、弃土（石、渣）量及堆放方法，工程取土（石、料）的扰动面积及取料方式等。

（2）存在环保风险点。

1）未按照规范要求开展监测、数据分析等。如监测仪器等设备出现故障，数据分析方法不科学，导致监测数据不准确或不可靠。

2）未对监测数据，进行有效的采集、记录和处理，导致监测结果有误，影响水土流失调查监测结果。

3）基础数据不准确，如降雨数据、地形数据、土壤类型等，导致影响监测结果的可信度和准确性。

4）水土流失调查监测点位、监测频次不满足环评报告及其批复文件要求，从而影响监测结果的准确性和实用性。

5）未根据环境变化，适时调整监测因子，不满足现行的法律法规和规程规范要求。

（3）标准及要求。

1）按照《中华人民共和国水土保持法实施条例》（2011 修订）（国务院令第 588 号）第 24、32、41、56、57 条要求，建设单位应当对生产建设活动造成的水土流失进行监测、预防和治理，对造成水土流失而不进行治理的生产建设单位责令限期治理，构成犯罪的依法追究刑事责任。《中华人民共和国水土保持法实施条例》进一步明确水土流失的预防、治理措施和造成水土流失相应承担的法律责任。

2）按照《生产建设项目水土保持方案管理办法》（2023）（水利部令第 53 号）第 20 条要求，生产建设单位应当组织对生产建设活动造成的水土流失进行监测，及时定量掌握水土流失及防治状况，评价防治成效。

3）按照《生产建设项目水土保持技术标准》（GB 50433—2018）、《生产建设项目水土保持监测与评价标准》（GB 51240—2018）、《水电建设项目水土保持技术规范》（NB/T 10509—2021）要求，明确水土流失调查监测频次、监测点位等主要技术内容、要求和指标。

4）水土流失调查工作应当遵守遵循当地政策和相关规定。

2．水保措施效果监测

（1）监测范围。

结合工程建设特点和分析结论，对弃土（石、渣）场、取土（石、料）场、施工道路、大型开挖（填筑）面、排水泄洪区下游和临时堆土（石、渣）场等进行监测，主要监测土壤侵蚀指标、坡面稳定性、植被恢复状况、冲淤情况等要素。

（2）存在环保风险点。

1）未按照规范要求开展监测、数据分析等。如监测仪器等设备出现故障，数据分析方法不科学，导致监测数据不准确或不可靠。

2）未对监测产生的数据，进行有效的采集、记录和处理，导致监测结果有误，影响水土保持措施效果。

3）基础数据不准确、缺乏有效的基础数据，导致影响监测结果的可信度和准确性。

4）水土保持效果监测点位、监测频次不满足环评报告及其批复文件要求，从而评估水土保持措施效果的准确性和可靠性。

5）未根据环境变化，适时调整监测要素，不满足现行的法律法规和规程规范要求。

（3）标准及要求。

1）按照《中华人民共和国水土保持法》第41、54条要求，水土保持监测应当遵守国家有关技术标准、规范和规程，保证监测质量。对水土保持设施未经验收或者验收不合格将生产建设项目投产使用的进行罚款或责令停止生产使用。《中华人民共和国水土保持法实施条例》（2011 修订）（国务院令第 588 号）进一步明确水土保持的预防、治理措施和造成水土流失相应承担的法律责任。

2）按照《生产建设项目水土保持方案管理办法》（2023）（水利部令第 53 号）第 22、23 条要求，生产建设单位应当开展水土保持监测，水土保持设施未经验收或者验收不合格的，生产建设项目不得投产使用。

3）按照《生产建设项目水土保持技术标准》（GB 50433—2018）、《生产建设项目水土保持监测与评价标准》（GB 51240—2018）、《水电工程水土保持设计规范》（NB/T 10344—2019）、《水电工程水土保持监测技术规程》（NB/T 10506—2021）、《水电工程水土保持生态修复技术规范》（NB/T 10510—2021）、《水电建设项目水土保持技术规范》（NB/T 10509—2021）规定，明确水土保持监测频次、监测点位等主要技术内容、要求和指标。

4）水土保持工作应当遵守当地政策和相关规定。

第六章　环境风险与应急管理

　　根据《突发环境事件应急管理办法》（2015）（环境保护部令第 34 号）和《中央企业节约能源与生态环境保护监督管理办法》（2022）（国务院国有资产监督管理委员会令第 41 号），突发环境事件应急管理工作坚持预防为主、预防与应急相结合的原则，企业应当按照相关法律法规和标准规范开展环境事件风险评估，完善风险防控措施，排查治理环境安全隐患，制定应急预案并备案和演练，强化应急能力保障建设。

一、风险管理

1. 风险隐患排查治理

（1）适用范围。

适用于为防范火灾、爆炸、泄漏等生产安全事故直接导致或次生突发环境事件而自行组织的突发环境事件风险评估和管控、隐患排查和治理。

（2）存在的环保风险。

1）未按规定开展突发环境事件风险评估工作、确定风险等级。

2）未按规定开展环境安全隐患排查治理工作，未建立隐患排查治理档案。

2. 环境风险防控

（1）按照《企业突发环境事件隐患排查和治理工作指南（试行）》（环境保护部公告 2016 年第 74 号）第 3～5 条要求：

1）从环境应急管理和突发环境事件风险防控措施两方面排查可能直接导致或次生突发环境事件的隐患（如突发水环境事件风险防控、突发大气环境事件风险防控）。

2）确定企业隐患排查治理的基本要求。

3）建立完善隐患排查治理管理机构。

4）建立隐患排查治理制度。

5）明确隐患排查方式和频次。

6）隐患排查治理的组织实施。

7）加强宣传培训和演练。

8）建立档案。

（2）根据《突发环境事件应急管理办法》（2015）（环境保护部令第 34 号）要求，企业事业单位应当按照国务院环境保护主管部门的有关规定开展突发环境事件风险评估，确定环境风险防范和环境安全隐患排查治理措施。

企业事业单位应当按照环境保护主管部门的有关要求和技术规范，完善突发环境事件风险防控措施。

突发环境事件风险防控措施，应当包括有效防止泄漏物质、消防水、污染雨水等扩散至外环境的收集、导流、拦截、降污等措施。

（3）根据《中央企业节约能源与生态环境保护监督管理办法》（2022）（国务院国有资产监督管理委员会令第 41 号）要求，中央企业应对所属企业节约能源与生态环境保护工作进行监督检查，开展环境影响因素识别、风险点排查和隐患治理，防范环境污染事件。

（4）根据《突发环境事件应急管理办法》（2015）（环境保护部令第 34 号）要求，企业事业单位应当按照有关规定建立健全环境安全隐患排查治理制度，建立隐患排查治理档案，及时发现并消除环境安全隐患。

二、应急管理

1．环境风险应急预案

（1）应急预案编制。

1）制定应急预案范围。

①水电企业可能发生突发环境事件的场所，如渣场、表土堆存场、生活污水处理系统、砂石拌合系统等。

②水电企业存储、运输、使用的危险化学品。

③水电企业产生、收集、运输、贮存、利用、处置固（危）废物。

④水电企业其他应当纳入适当范围项目。

2）存在的环保风险。

按照《突发环境事件应急管理办法》（2015）（环境保护部令第34号）第6条要求，未按规定制定突发环境事件应急预案并备案、演练，及其他可能构成的环境违法行为。

3）制定应急预案基本要求。

①按照《突发环境事件应急管理办法》（2015）（环境保护部令第34号）第6条要求，结合实际编制内容建议包括：突发环境事件应急预案编制说明，突发环境事件风险评估报告，突发环境事件应急资源调查报告，突发环境事件应急预案，危险废物专项环境应急预案等。

②按照《企业事业单位突发环境事件应急预案备案管理办法（试行）》（环发〔2015〕4号）第9条要求，环境应急预案应体现自救互救、信息报告和先期处置特点，侧重明确现场组织指挥机制、应急队伍分工、信息报告、监测预警、不同情景下的应对流程和措施、应急资源保障等内容。第10条要求，环境应急预案编制步骤：a.成立环境应急预案编制组，明确编制组组长和成员组成、工作任务、编制计划和经费预算。b.开展环境风险评估和应急资源调查。环境风险评估包括但不限于：分析各类事故演化规律、自然灾害影响程度，识别环境危害因素，分析与周边可能受影响的居民、单位、区域环境的关系，构建突发环境事件及其后果情景，确定环境风险等级。应急资源调查包括但不限于：调查企业第

一时间可调用的环境应急队伍、装备、物资、场所等应急资源状况和可请求援助或协议援助的应急资源状况。c. 编制环境应急预案。按照本办法第 9 条要求，合理选择类别，确定内容，重点说明可能的突发环境事件情景下需要采取的处置措施、向可能受影响的居民和单位通报的内容与方式、向环境保护主管部门和有关部门报告的内容与方式，以及与政府预案的衔接方式，形成环境应急预案。编制过程中，应征求员工和可能受影响的居民和单位代表的意见。d. 评审和演练环境应急预案。企业组织专家和可能受影响的居民、单位代表对环境应急预案进行评审，开展演练进行检验。评审专家一般应包括环境应急预案涉及的相关政府管理部门人员、相关行业协会代表、具有相关领域经验的人员等。e. 签署发布环境应急预案。环境应急预案经企业有关会议审议，由企业主要负责人签署发布。

③按照《企业事业单位突发环境事件应急预案备案管理办法（试行）》（环发〔2015〕4 号）第 12 条要求，结合环境应急预案实施情况，至少每三年对环境应急预案进行一次回顾性评估。有下列情形之一的，及时修订：a. 面临的环境风险发生重大变化，需要重新进行环境风险评估的。b. 应急管理组织指挥体系与职责发生重大变化的。c. 环境应急监测预警及报告机制、应对流程和措施、应急保障措施发生重大变化的。d. 重要应急资源发生重大变化的。e. 在突发事件实际应对和应急演练中发现问题，需要对环境应急预案作出重大调整的。f. 其他需要修订的情况。

（2）环保部门备案及公示。

1）按照《突发环境事件应急管理办法》（2015）（环境保护部令第 34 号）第 13 条要求，企业事业单位应当按照国务院环境保护主管部门的规定，在开展突发环境事件风险评估和应急资源调查的基础上制定突发环境事件应急预案，并按照分类分级管理的原则，报县级以上环境保护主管部门备案。

2）按照《企业环境信息依法披露管理办法》（2021）（生态环境部令第24号）第12条要求，企业年度环境信息依法披露报告应当包括以下内容：

①企业基本信息，包括企业生产和生态环境保护等方面的基础信息。

②企业环境管理信息，包括生态环境行政许可、环境保护税、环境污染责任保险、环保信用评价等方面的信息。

③污染物产生、治理与排放信息，包括污染防治设施，污染物排放，有毒有害物质排放，工业固体废物和危险废物产生、贮存、流向、利用、处置，自行监测等方面的信息。

④碳排放信息，包括排放量、排放设施等方面的信息。

⑤生态环境应急信息，包括突发环境事件应急预案、重污染天气应急响应等方面的信息。

⑥生态环境违法信息。

⑦本年度临时环境信息依法披露情况。

⑧法律法规规定的其他环境信息。

2．环境应急演练

（1）适用范围。

1）水电企业可能发生突发环境事件的场所，如渣场、表土堆存场、生活污水处理系统、砂石拌合系统等。

2）水电企业存储、运输、使用的危险化学品。

3）水电企业产生、收集、运输、贮存、利用、处置固（危）废物。

4）水电企业其他应当纳入适当范围项目。

（2）管理标准及要求。

1）按照《突发环境事件应急管理办法》（2015）（环境保护部令第 34 号）第 15 条要求，突发环境事件应急预案制定单位应当定期开展应急演练，撰写演练评估报告，分析存在问题，并根据演练情况及时修改完善应急预案。

2）按照《企业突发环境事件隐患排查和治理工作指南（试行）》（2022）（环境保护部公告 2016 年第 74 号）第 5 条要求，如实记录培训、演练的时间、内容、参加人员以及考核结果等情况，并将培训情况备案存档。

3）按照《中央企业节约能源与生态环境保护监督管理办法》（2022）（国务院国有资产监督管理委员会令第 41 号）第 33 条要求，中央企业应依法制定和完善突发环境事件应急预案，按要求报所在地生态环境主管部门备案，并定期开展应急演练。

4）按照《企业事业单位突发环境事件应急预案备案管理办法（试行）》（环发〔2015〕4 号）第 11 条要求，企业根据有关要求，结合实际情况，开展环境应急预案的培训、宣传和必要的应急演练，发生或者可能发生突发环境事件时及时启动环境应急预案。

（3）存在环保风险点。

存在被上级环保主管部门通报处罚的风险。

按照《突发环境事件应急管理办法》（2015）（环境保护部令第 34 号）第 38 条要求，企业事业单位有下列情形之一的，由县级以上环境保护主管部门责令改正，可以处一万元以上三万元以下罚款：

1）未按规定开展突发环境事件风险评估工作，确定风险等级的。

2）未按规定开展环境安全隐患排查治理工作，建立隐患排查治理档案的。

3）未按规定将突发环境事件应急预案备案的。

4）未按规定开展突发环境事件应急培训，如实记录培训情况的。

5）未按规定储备必要的环境应急装备和物资。

6）未按规定公开突发环境事件相关信息的。

（4）桌面推演。

根据《生产安全事故应急演练基本规范》（AQ/T 9007—2019）规定，针对事故情况，利用图纸、沙盘、流程图、计算机模拟、视频会议等辅助手段，进行交互式讨论和推演的应急演练活动。

（5）实战演练。

根据《生产安全事故应急演练基本规范》（AQ/T 9007—2019）规定，针对事故情景，选择（或模拟）生产经营活动中的设备、设施、装置或场所，利用各类应急器材、装备、物资、通过决策行动、实际操作，完成真实应急响应的过程。

3．环境事件应急处置

按照《突发事件应急管理办法》（环境保护部令第 34 号）第 23 条要求，企业事业单位造成或者可能造成突发环境事件时，应当立即启动突发环境事件应急预案，采取切断或者控制污染源以及其他防止危害扩大的必要措施，及时通报可能受到危害的单位和居民，并向事发地县级以上环境保护主管部门报告，接受调查处理。

应急处置期间，企业事业单位应当服从统一指挥，全面、准确地提供本单位与应急处置相关的技术资料，协助维护应急现场秩序，保护与突发环境事件相关的各项证据。

4．环保舆情（含信访）监控与管理

（1）管理范围。

总部各部门、系统各单位所涉及的突发环保舆情事件，主要监管的对象包括主流媒体、行业媒体、网络门户网站、各大贴吧、论坛、微博平台和短视频平台等。

（2）存在环保风险点。

忽视当地环保举报或环保问题反映，导致发生环保舆情。环保舆情处置不当，未积极主动响应相关诉求，引发社会关注，对公司产生负面影响。

（3）标准及要求。

1）积极应对环保举报、信访，主动响应有关诉求，做好沟通与协调，及时解决企业存在的环保问题，确保问题不扩大。

2）加强与各级地方政府环保部门的沟通与联系，及时向地方环保部门汇报，申请现场问题核查，主动申请问题销号闭环。

3）接受环保督察或检查，应第一时间向集团公司生产值班室和生产环保部环保处报告有关检查情况。

第七章　环保合规性管理

一、工程项目合规性审批

1．环水保批复落实

按照环境影响评价报告书（表）、水土保持方案和批复文件及有关设计文件的要求，严格落实水环境、陆生生态、水生生态、水土保持、大气环境、声环境、固废危废管理、生态敏感区等环境保护措施。

2．重大变动审批

（1）环评报告变动。

1）建设项目的环境影响报告书（表）经批准后，项目的性质、规模、地点、生产工艺和环境保护措施五个因素中的一项或多项发生重大变动，且可能导致环境影响显著变化（特别是不利环境影响加重）的，界定为重大变动。其他变动为非重大变动。

2）建设项目重大变动环评管理适用于环境影响报告书（表）已经批准且未完成环境保护设施验收的建设项目。已完成环境保护设施验收的建设项目，后续发生调整变动的应按照《建设项目环境影响评价分类管理名录》（2021年版）（2020修订）（生态环境部令第16号）依法履行环境影响评价手续。

3）生态环境部已发布行业建设项目重大变动清单的，建设项目应按所属行业建设项目重大变动清单执行；未发布行业建设项目重大变动清单的，污染影响类的建设项目按照生态环境部《污染影响类建设项目重大变动清单（试行）》（环办环评函〔2020〕688号）界定是否属于重大变动，生态影响类建设项目按照《生态影响类建设项目重大变动清单》界定是否属于重大变动。污染影响类、生态影响类建设项目具体适用行业范围分别参照生态环境部《建设项目环境影响报告表编制技术指南（污染影响类）（试行）》（环办环评〔2020〕33号）《建设项目环境影响报告表编制技术指南（生态影响类）（试行）》（环办环评〔2020〕33号）中的适用范围执行。

根据《关于印发环评管理中部分行业建设项目重大变动清单的通知》（环办〔2015〕52号）要求，水电行业发生以下变动属于重大变动：

①开发任务中新增供水、灌溉、航运等功能。

②单台机组装机容量不变，增加机组数量；或单台机组装机容量加大20%及以上（单独立项扩机项目除外）。

③水库特征水位如正常蓄水位、死水位、汛限水位等发生变化；水库调节性能发生变化。

④坝址重新选址，或坝轴线调整导致新增重大生态保护目标。

⑤枢纽坝型变化；堤坝式、引水式、混合式等开发方式变化。

⑥施工方案发生变化直接涉及自然保护区、风景名胜区、集中饮用水水源保护区等环境敏感区。

⑦枢纽布置取消生态流量下泄保障设施、过鱼措施、分层取水水温减缓措施等主要环保措施。

4）对属于发生重大变动的建设项目，建设单位应当在项目开工前或变动部分动工前，按现行环境影响评价分级审批权限规定向有审批权的生态环境主管部门依法重新报批环境影响报告书（表）。重新报批时按照《建设项目环境影响评价分类管理名录》（2021年版）（2020修订）（生态环境部令第16号）规定，属于环境影响登记表类别的项目，应在建成并投入生产运营前，填报提交建设项目环境影响登记表。

5）建设项目在环境影响报告书（表）获批后，建设内容发生变动但不属于重大变动的，建设单位须编制《建设项目非重大变动环境影响分析说明》，通过建设单位网站或其他便于公众知晓的方式向社会公开。鼓励在排污许可申报材料或验收报告中对非重大变动情况予以说明。

《建设项目非重大变动环境影响分析说明》主要包括以下内容：

①变动情况。简述环保手续的办理情况、环评批复要求及落实情况；从项目的性质、规模、地点、生产工艺和环境保护措施五个方面，列表阐述实际建设内容、原环评内容和要求、主要变动内容、变动原因、不利环境影响变化情况，对照重大变动清单逐条判定是否属于非重大变动。

②评价要素。明确原建设项目环境影响评价文件中评价等级、评价范围、评价标准等是否发生变化。若发生变化，予以更新并说明原因。

③环境影响分析说明。针对建设项目变动前后产排污环节变化情况，分析污染物浓度、总量达标排放的可行性并提出达标方案；项目变动后各环境要素的影响分析结论是否发生变化；分析建设项目变动前后危险物质和环境风险源变化情况，分析环境风险防范措施的有效性。

④结论。明确项目发生非重大变动后，原建设项目环境影响评价结论是否发生变化。

6）建设项目涉及变动的，还应根据《排污许可管理条例》《排污许可管理条例》（2020）（国务院令第736号）规定，依法申请、重新申请排污许可证或进行排污登记变更填报。

7）建设项目是否属于重大变动，由建设单位严格对照相应清单判定。建设单位如无法自行判定的，可向原审批或现行有审批权的生态环境部门咨询，生态环境部门应及时明确回复。

（2）水保方案变更。

1）水土保持方案经批准后，生产建设项目地点、规模发生重大变化，有《水利部生产建设项目水土保持方案变更管理规定（试行）》（办水保〔2016〕65号）相关情形之一的，生产建设单位应当补充或者修改水土保持方案，报原审批部门审批。

①工程扰动新涉及水土流失重点预防区或者重点治理区的。

②水土流失防治责任范围或者开挖填筑土石方总量增加30%以上的。

③线型工程山区、丘陵区部分线路横向位移超过300m的长度累计达到该部分线路长度30%以上的。

④表土剥离量或者植物措施总面积减少30%以上的。

⑤水土保持重要单位工程措施发生变化，可能导致水土保持功能显著降低或者丧失的。

因工程扰动范围减少，相应表土剥离和植物措施数量减少的，不需要补充或者修改水土保持方案。

2）在水土保持方案确定的弃渣场以外新设弃渣场的，或者因弃渣量增加导致弃渣场等级提高的，生产建设单位应当开展弃渣减量化、资源化论证，并在弃渣前编制水土保持方案补充报告，报原审批部门审批。

3）水土保持方案自批准之日起满3年，生产建设项目方开工建设的，其水土保持方案应当报原审批部门重新审核。原审批部门应当自收到生产建设项目水土保持方案之日起10个工作日内，将审核意见书面通知生产建设单位。

3．合规性文件归档

建设单位对建设项目环境保护工作开展事前、事中、事后管理，各关键性节点，各项工作合法合规，环境影响评价报告书（表）、水土保持方案、竣工验收报告及批复等纸质、电子版文件资料齐全并归档完整。

二、生产运营期合规性审批

1．行政许可

建设项目须完成环保、水保竣工验收，同时按照国家法律、法规及地方主管部门要求，办理水生野生动物人工繁育许可证、捕捞许可证（自运行），取水许可、排污许可（如有）等行政许可，手续齐全。

2．环水保部门验收核查及整改

建设项目全过程按照环评报告和批复文件要求的内容逐项落实，严格执行建设项目环境保护"三同时"要求，检查、指导有记录，发现问题有整改。建立企业环境风险排查治理台账，开展风险排查，制定环水保隐患整改措施方案，按期完成整改。

3．环境影响后评价

按环评要求组织开展环境影响后评价工作，客观评估各项环境保护措施的实施效果，采取补救方案或改进措施。

三、新改扩项目环保管理

1. 管理内容

（1）建设对环境有影响的水电企业建设项目，包括新、改、扩建及技改项目等。

（2）环境保护设施主要包括处理各种外排废水、废气、废渣的设施。

2. 存在的环保风险

（1）建设项目环境影响评价文件未经批准或者未经原审批部门重新审核同意，擅自开工实施。

（2）环境保护设施未建成、未经验收或者验收不合格，建设项目即投入生产或者使用。

（3）未在规定期限内完成环保项目自主验收，自主验收程序及过程存在违规验收，或已完成自主验收未及时向当地环保部门报备。

（4）已验收，但项目性质、规模、地点、采用的生产工艺或者防止污染、防止生态破坏的措施发生重大变动的，未及时进行变更审批。

3. 标准及要求

（1）按照《中华人民共和国环境影响评价法》第16条要求，对建设项目的环境影响评价实行分类管理，主要包括编制环境影响报告书、环境影响报告表或者填报环境影响登记表。

（2）建设项目的环境影响评价工作应依法开展评价报告撰写工作，

进行建设项目的环评申报、审批、初步设计和施工建设等工作。

（3）按照《中华人民共和国环境保护法》第41条要求，建设项目中防治污染的设施，与主体工程同时设计、同时施工、同时投产使用。

（4）按照《建设项目环境保护管理条例》（2017修订）（国务院令第253号）第16～20条要求，建设单位应当按照国务院环境保护行政主管部门规定的标准和程序进行环保验收和投运报备工作。

（5）按照《中华人民共和国环境保护法》第42条的要求，排放污染物的企业应当采取措施，防止在生产建设或者其他活动中产生的废气、废水、废渣、医疗废物、粉尘、恶臭气体、放射性物质以及噪声、振动、光辐射、电磁辐射等对环境的污染和危害。排放污染物的企业事业单位，应当建立环境保护责任制度，明确单位负责人和相关人员的责任。

应当按照国家有关规定和监测规范安装使用在线监测设备，保证监测设备正常运行，保存原始监测记录。

第八章　环保定期工作

一、环保信息统计

1．环境保护信息统计

基层企业环境保护信息按照月度、季度、年度分别进行统计报送。

（1）月度统计报送。

月度统计报送信息主要包括已投入运行的鱼类增殖站、升鱼机、集运鱼系统、鱼道、栖息地保护等重大环水保设施（措施）运行情况简报，环保类电力生产资本性支出项目合并至资本性支出项目完成情况月报（与生技项目合并填报）。

（2）季度统计报送。

季度统计报送信息主要为环保季报，环保季报内容包括环境保护与水土保持管理体系运行情况、环境保护与水土保持工作情况、环境监督及监测工作情况、存在的问题及处理措施建议、上级公司督办项目工作进展情况、下季度主要工作计划、附图附表。同时，每季度在环保水保季报中向二级公司报送环境保护敏感点管理台账、环保法律法规及环保业务技能教育培训台账、对所管理项目承包商的环保信用评价台账。环保技术监督季报按照技术监督管理要求同步报送。

（3）年度统计报送。

1）年度统计报送信息主要为年度总结，基层企业环保工作年度总结主要内容为年度环境保护总体工作情况、年度环境保护工作主要成效和亮点、存在的不足及对策措施、下一年度环保水保重点工作计划。环保年总结中应同步报送重大环水保设施（措施）年度运行工作报告和主要项目成果，环保类电力生产资本性支出项目的年度报表报送按照资本性支出相关管理办法执行。

2）二级公司、基层企业根据集团公司年度生态环境保护工作要点及工作计划，对照制定二级公司、基层企业生态环境保护工作要点及工作计划，并跟踪落实到位。

（4）报送要求。

1）基层企业环境保护信息统计资料应真实、准确、完整，各类报送材料要求签审、盖章的应经层层审核把关，经分管环保水保领导审核签字并盖企业公章后报送。

2）严格环保季报、年总结报送时间。基层企业次季度第一个月5日前报送环保季报至二级公司，每年12月5日前报送年度总结，其他各类环境保护信息统计报送按照具体文件执行。

2．生态环保风险排查与整改台账

（1）填报方式和时间。

生态环保风险排查与整改台账按月填报，台账分三级管理，可作为集团公司、二级公司、基层企业风险台账。基层企业每月4日前在集团公司综合统计管理系统里填报后，由二级公司逐项审核后每月5日前在系统中提交集团公司，涉及生态环保风险的扎实推进整改。

（2）填报及整改要求。

二级公司要做到本级公司产业全覆盖，明确填报负责人，实事求是，真实反映企业生态环保风险管理情况，积极组织和督促基层企业加快整改。基层企业要建立环保风险排查与整改长效机制，落实责任，明确整改方案，加强整改过程管理，确保整改工作取得实效。

3．环保处罚与通报情况报送

（1）严格执行重大环保信息报送规定，对于出现的环保通报、处罚及整改要求，各基层单位要在第一时间（事发当天1小时内）立即报告二级公司，二级公司第一时间（接到报告1小时内）报告集团公司生产环保部和各归口管理部门，积极消除环保舆情风险。

（2）按照《中国华能集团有限公司生态环境保护管理办法》第48条要求，发生节能环保违法违规事件被处以罚款且单笔罚款金额30万元及以上的，应于5个工作日内书面正式报告集团公司。地市级及以下政府部门对企业的处罚由二级公司负责考核问责，有关考核问责情况应于5个工作日内向集团公司报备。省部级政府部门对企业的处罚由集团公司负责考核问责。

二、环保巡视检查

1．环保隐患台账

（1）台账内容。

基层企业应按照《企业突发环境事件隐患排查和治理工作指南（试行）》（环境保护部公告2016年第74号）要求，从环境应急管理和突发环境事件风险防控措施两大方面排查可能直接导致或次生突发环境事件的隐患。

（2）建立要求。

1）基层企业应按照《企业突发环境事件隐患排查和治理工作指南（试行）》（环境保护部公告2016年第74号）第5.3条要求，每年开展不少于一次综合排查，并按照上级公司要求组织开展专项排查，日常排查每月不少于一次。

2）基层企业在环保隐患排查后，发现各类环保问题隐患的，应及时建立环保隐患台账，台账内容至少包括隐患内容、隐患级别（重大隐患或一般隐患）、整改责任人、整改时限，并跟踪限时闭环整改。整改完成的隐患，按照《企业突发环境事件隐患排查和治理工作指南（试行）》（环境保护部公告 2016 年第 74 号）第 5.4 条要求，经企业相关负责人验收后进行销号。

3）基层企业隐患台账应定期更新，至少留存五年，以备环境保护主管部门抽查。

2．舆情排查零报告

各二级公司、基层单位应建立健全突发环境事件舆情应对工作机制，将环保舆情排查与管控作为日常舆情管控的重要部分，发现生态环境保护相关舆情时第一时间报告并落实处置措施。日常各二级公司、基层单位应落实好以下工作要求：

（1）积极应对环保举报，主动响应有关诉求，做好沟通与协调，及时解决实际存在的环保问题，确保问题不扩大。

（2）加强与各级地方政府环保部门的沟通与联系，及时向地方环保部门汇报，申请现场问题核查，主动申请问题销号闭环。

（3）接受环保督察或检查，应第一时间向集团公司生产值班室和生产环保部环保处报告有关检查情况。

（4）发生突发环境应急等重大事件，应于 1 小时内向集团公司报告，集团公司将按照相关制度要求上报国家主管部门。

三、环保迎检管理

1．标准化工作室建设

（1）基本要求。

1）基层企业水电环保标准化工作室应满足环保档案室、环保迎检和交流培训的要求。

2）标准化工作室应陈列本单位环保合规性文件、管理制度、技术标准等台账、环保风险台账、危险废物台账、环保设施运行台账、监测报告、重大环保问题通报及整改验收等情况，以及往年主要环保生产档案等各种环保部门关注或检查的工作支撑性材料。

3）标准化工作室应具备生产环保资料与数据的查阅功能，并将本单位环保重点区域监控画面及关键环境监测数据接入工作室。

4）标准化工作室应设立展示台，直观呈现本单位所有取得的环保成绩奖状、证书等荣誉，多元化展示环保方面的标志性成果。

5）标准化工作室应展现本单位水电企业环保管理导图、生态环境保护管理办法、生态环境保护组织机构及示意图等主要制度。

6）标准化工作室应展现本单位建设项目可研阶段规划、审批，建设阶段工程建设、项目验收等全过程。

7）标准化工作室应展现本单位环保示范区建设成果，包含示范区概况介绍、创建过程情况、创建前后效果对比，取得的生态环保、安全以及经济等方面的效益。

8）标准化工作室应展现华能生态环保企业文化和管理特色。

（2）具体要求。

1）基层企业环保标准化工作室建设不做无意义的包装，重在提升管理能力，形式和内容要高度统一，杜绝形式主义，做到管理界面清晰，形成持续改进、自我完善、不断提升的管理机制。

2）基层企业应加强标准化工作室档案管理，严格对照《水电企业环保管理标准化创建工作责任清单》开展资料收集、整理、装盒，做到分类分册装订、标准化陈列，实现环保迎检在工作室内一站式完成。

3）基层企业环保标准化工作室应结合本单位特色环保工作或优势成果开展工作室建设，做到布局科学合理。工作室硬件设施包括但不限于：电子显示器、电脑（内网用于查看本单位生态环保重点数据及相关区域视频监控，外网用于查阅本单位环保相关电子档案台账）、会议桌、椅子、档案柜、文件盒、环保理念文化墙、重要制度上墙等。

2．环保迎检制度

（1）存在环保风险点。

1）企业管理人员不掌握企业污染物治理情况，不重视生态环保风险隐患排查与整改工作，对于易发环保问题防范措施不落实。

2）未和地方环保部门有效衔接和沟通，不能及时了解相关情况。

3）环保迎检工作不规范，对于暗访、突击检查等情况发生门卫拒检、迎检人员不专业、回答问题不准确、配合检查不积极等问题，导致环保通报和处罚。

4）环保检查指出问题未及时整改，整改结果不符合环保要求，或未及时向地方环保部门报备，未进行问题闭环销号工作。

（2）标准及要求。

1）强化本单位所属企业环保设施管理，企业负责人要掌握生态环境保护政策、法律法规、标准规范，以及本单位生态环保风险及其防治情况；管理人员要掌握主要环保水保措施和污染防治设施，以及基本原理、运行情况和污染物排放情况；要掌握附近环境敏感点情况，以及环境监测点位、项目、频次和近期监测结果，确保环保设施稳定达标排放，做到依法合规生产。

2）按照《中央生态环境保护督察工作规定》（中共中央办公厅国务院办公厅印发 2019 年 6 月 6 日起施行）要求，结合实际做好环保督察检查的准备工作。

3）规范建立环保迎检制度，完善环保迎检流程和预案，明确各岗位人员责任，提高环保迎检工作的敏感性，建立常态化、制度化、高效的环保迎检机制。具备条件的企业应建立环保档案室或标准化室，规范收集各类迎检材料，包括制度建设、环保设施管理、水环境保护管理、陆生生态保护管理、水生生态保护管理、大气污染防治、固体（危险）废物污染防治以及环保合规性管理等支持性材料，积极创造良好的迎检环境。

4）接到检查通知以及检查情况后，第一时间向二级单位归口管理部门汇报。

5）建立快速有效的沟通机制，对环保督察或检查发现的问题要做好解释和汇报工作，尽可能就地化解环保隐患，避免发生被公开通报处罚的环保形象安全事件。

3. 检查问题整改闭环

（1）严格落实环保检查或督导检查整改要求，围绕问题清单，坚持标本兼治，立行立改，按期完成整改；严格落实责任考核要求，举一反三，建立长效防范机制。

（2）针对检查发现不能立行立改的问题，要建立台账实行销号管理，制定专项整改方案，明确整改责任单位、责任部门、责任人和整改期限，落实整改经费和物资，确保按期完成整改工作。过程中做好与地方政府的有效衔接和沟通，积极主动汇报整改结果，有效应对环保风险防范和环保舆情管控工作。

（3）整改结束后，形成整改报告或总结，及时报送检查单位进行验收，确保在期限内完成整改闭环和销号。

四、环保宣传与培训

1．环保知识培训

（1）按照《中国华能集团有限公司生态环境保护管理办法》第9条要求，基层企业应负责本单位的环保技术监督管理和专业技术培训，环保数据的统计和分析，组织环保新技术、新工艺、新设备的推广应用。

（2）按照《中国华能集团有限公司生态环境保护管理办法》第12条要求，基层企业应负责本单位环保技术监督、技术培训以及环保监测平台的建设。

（3）按照《中国华能集团有限公司生态环境保护管理办法》第13条要求，基层企业应负责国家和地方新颁布的生态环境法律法规、管理制度、技术标准的宣贯学习和培训，不断加强企业环保能力建设；负责开展环保宣传等工作。每年应制定环保培训计划，开展国家、省、市、区（县）颁布的生态环境法律法规、管理制度、技术标准的宣贯学习和培训。

（4）按照《中国华能集团有限公司生态环境保护管理办法》第 13 条要求，基层企业应负责组织环境保护新技术的培训和应用工作。制定技术培训计划开展技能培训。在日常环水保工作中进行新技术的实践和应用。

2．环保主题宣传

（1）按照《中华人民共和国青藏高原生态保护法》第 9 条要求，国务院有关部门和地方各级人民政府应当加强青藏高原生态保护宣传教育和科学普及，传播生态文明理念，倡导绿色低碳生活方式，提高全民生态文明素养，鼓励与支持单位和个人参与青藏高原生态保护相关活动。相关新闻媒体应当采取多种形式开展青藏高原生态保护宣传报道。基层企业应积极参与青藏高原生态保护相关活动，加大生态保护宣传。

（2）按照《中华人民共和国环境保护法》第 9 条要求，各级人民政府应当加强环境保护宣传和普及工作，鼓励基层群众性自治组织、社会组织、环境保护志愿者开展环境保护法律法规和环境保护知识的宣传，营造保护环境的良好风气。基层企业应积极组织，大力开展相关法律法规和环保知识的宣传活动，加大生态保护宣传。

（3）按照《中国华能集团有限公司生态环境保护管理办法》第 13 条要求，基层企业应负责开展环保宣传工作。

1）结合"低碳宣传日""植树节""世界环境日""水土保持宣传咨询日"，通过发放宣传手册、设置宣传牌、实地讲解等方式，向工作人员、当地村民、学生宣传环保、水保知识，践行"绿水青山就是金山银山"理念。

2）积极开展流域内过鱼设施、鱼类增殖站运行管理、鱼苗培育、增殖放流等取得的成效宣传，邀请省、市、县等多级政府机构参与增殖放流活动，结合主流媒体采用报道、多语种翻译转载方式，大力弘扬生态文明思想，开展环境保护主题宣传活动。

3）结合流域内珍稀植物园、动物园的日常管理工作，定期组织开展动植物保护和科普志愿活动，邀请当地政府、百姓和学生参加，全力保护好珍稀植物和野生动物。

五、环水保规划和工作计划

1．标准及要求

（1）按照《中国华能集团有限公司生态环境保护管理办法》第9条要求，集团公司生产环保部负责制订和下达集团公司年度环境保护工作计划和环保考核指标。

（2）按照《中国华能集团有限公司生态环境保护管理办法》第12条要求，二级单位要贯彻执行国家、地方政府环境保护法律法规、方针政策，贯彻落实集团公司生态环境保护管理办法、企业标准、环境保护规划和年度计划；负责制订本单位生态环境保护管理办法、企业标准、环境保护规划和年度计划。

（3）按照《中国华能集团有限公司生态环境保护管理办法》第13条要求，基层企业要贯彻执行国家、地方政府环境保护法律法规、方针政策，贯彻落实集团公司以及上级管理单位的生态环境保护管理制度、企业标准、环境保护规划和年度计划；负责制订企业生态环境保护管理制度、标准和环境保护规划、年度计划，负责完成上级管理单位下达的年度工作任务和环保考核指标。

（4）按照《中国华能集团有限公司生态环境保护管理办法》第 14 条要求，建设项目在规划期间，应遵守国家《建设项目环境保护管理条例》（2017 修订）（国务院令第 253 号）和节能环保法律法规，按照集团公司产业发展规划和项目前期工作要求，编制建设项目节能环保和生态保护建设方案。

（5）按照《中国华能集团有限公司生态环境保护管理办法》第 15 条要求，在项目可行性研究阶段，应按有关规定选择有资质的单位编制环境影响评价文件。国家审批权限范围内的建设项目，集团公司参与其环境影响评价文件编制及审查。地方政府审批权限范围内的建设项目，按照集团公司发展规划和节能环保的指导意见要求，二级单位组织开展环境影响评价文件编制及报审工作。

（6）按照《中国华能集团有限公司生态环境保护管理办法》第 42 条要求，二级单位要将环境保护工作纳入规划、基建、生产经营管理体系，实行全过程、全方位管理。

2．具体要求

（1）集团公司按照国家、地方政府环境保护有关要求，制定年度生态环境保护工作要点，并结合有关政策变化及时调整规划和方案内容。集团公司定期组织专家以"四不两直"方式对基层企业环保工作管理情况进行现场抽查，对检查出的问题进行通报，并纳入月度工作监督与绩效考核，落实责任追究制度要求，确保全面实现生态环保年度目标任务。

（2）二级单位按照国家、地方政府以及集团公司环境保护有关要求，制定企业年度生态环境保护工作要点及工作计划。二级单位要加强日常监督检查，定期组织相关人员以"四不两直"方式对基层企业环保工作管理情况进行现场抽查，对检查出的问题进行通报，并纳入季度工作监督与绩效考核，落实责任追究制度要求，建立全面、严格、及时、有效的监管体系，全面提升环保管理水平。

（3）基层企业应根据集团公司、二级单位年度生态环境保护工作要点及工作计划，结合本单位具体情况制定年度环保水保工作计划，加强过程管控，确保按期完成各项措施。

（4）基层企业年度环保水保工作计划应包括基础管理（或建设管理）、科研设计管理、环保水保设施运行管理、主要环保水保措施、监理管理、环保水保监测、环保舆情风险管理、其他管理等内容，明确责任部门、时间节点和责任人，积极推进年度环水保各项工作。

六、环保科研创新

1．策划

结合水电企业生态环保要求，立足于水电行业生态环保科技研发，解决水电企业生态环保中的困难和需求，努力培育高水平环保科技创新成果。

（1）项目规划。

根据《中国华能集团公司科学技术工作管理规定》第20条要求，集团公司制定中长期科学技术发展规划并滚动修订，用以指导集团公司、二级单位及基层企业的科技活动。

（2）项目申报。

依据项目规划，策划项目并编制立项申请书，进行审核。

（3）立项评审。

从立项必要性、内容完整性、技术可行性、计划有序性、指标先进性、经费合理性、成果应用预期等方面进行评审，形成建议立项、不立项、修改后再审三类评审建议。

（4）立项决策。

通过立项评审的项目，进行审批后立项。

2．实施

（1）成立专项工作组负责项目具体实施，负责任务落实保障。

（2）制订计划和目标，负责专项任务的具体实施，组建团队，配备专员，协助项目负责人进行项目组织管理。

（3）严格执行科技项目合同，制定项目实施的安全、组织、技术、资金措施，保障合同目标的实现。保证实施科技项目所需的人员投入、配套经费和设备配备等基础条件。

（4）按合同规定的内容和进度组织实施科技项目，按要求向集团公司报告项目执行情况，接受集团公司检查。

（5）按合同规定使用经费，不得挪作他用。

（6）项目研究结束后，按要求提交总结报告、经费使用及结算情况报告书等材料，接受验收，并按归档范围和归档要求将应归档项目文件向本单位档案部门移交。

（7）产业（区域）公司负责基层单位科技项目的检查监督和过程管理，保证项目实施所需的人员投入、经费投入和设备平台保障。

3．验收

（1）项目实施单位负责项目自评估验收的组织工作，评估工作应邀请相关方面专家参加，对项目实施情况和攻关成果进行评估。

（2）项目申请验收需要提供以下文件资料：

1）项目验收申请书。

2）项目总结报告。

3）项目研究报告和相关专题报告。

4）承担单位初审意见。

5）其他相关资料。

（3）验收结果分为：通过验收，可以结题和不通过验收。项目按任务书规定按期完成任务、达到任务书规定的技术指标、经费使用合理，可以通过验收；因不可抗力等因素造成任务书无法全部执行的，或完成了任务书规定的主要目标，而其他目标无法继续完成的，可以结题。

（4）产业公司、区域公司负责验收的科技项目参照集团公司关于科技项目相关验收要求执行。

（5）验收完成后，应将验收材料进行归档。

第九章　企业环境信息依法披露

一、信息公开和公众参与

1．按要求公开环保信息

（1）管理范围。

1）明确企业环境信息披露管理制度、工作规程、工作职责、环境信息管理台账、相关原始记录及相关环境信息。

2）制定年度环境信息报告及临时环境信息披露报告，限定环境信息披露的时限。

3）按照生态环境部制定的相关规定准则，编制环境信息报告和临时环境信息报告，并上传至企业环境信息依法披露系统。

（2）存在环保风险点。

1）未按照企业实际情况编制年度环境信息报告及临时环境信息披露报告。

2）环境信息披露的形式不满足要求。

3）披露的年度环境信息报告和临时环境信息报告与企业实际情况不符，存在篡改或编制虚假信息。

4）未按规定时限要求对年度环境信息报告和临时环境信息报告进行披露。

（3）标准及要求。

1）按照《企业环境信息依法披露管理办法》（2021）（生态环境部令第24号）第5条要求，企业应当依法、及时、真实、准确、完整地披露环境信息，披露的环境信息应当简明清晰、通俗易懂，不得有虚假记载、误导性陈述或者重大遗漏。

2）按照《企业环境信息依法披露管理办法》（2021）（生态环境部令第 24 号）第 17 条要求，企业应当自收到相关法律文书之日起五个工作日内对临时环境信息披露报告进行披露。

3）按照《企业环境信息依法披露管理办法》（2021）（生态环境部令第 24 号）第 19 条要求，应于每年 3 月 15 日前披露当上一年度企业环境信息报告的企业。

2．环水保验收依法公示

（1）管理范围。

制定环水保验收公示管理制度，灵活确定信息公开渠道，明确公开期限、处理方式，依据相关规定准则开展环水保验收依法公示。

（2）存在环保风险点。

1）对外公开披露涉及国家机密以及商业秘密相关的环水保资料。

2）对环水保验收报告和监测总结报告把关不严，对公开的材料报告不完整或者不符合相应格式要求。

3）没有在规定期限内向相关行政主管部门出具报备证明。

（3）标准及要求。

1）按照《中华人民共和国环境保护法》第 56 条要求，对依法应当编制环境影响报告的建设项目，建设单位应当在编制时向可能受影响的公众说明情况，充分征求意见。

2）按照《公共企事业单位信息公开规定制定办法》（国办发〔2020〕50 号）第 11 条要求，公共企事业单位信息公开规定应当妥善处理好信息公开与国家秘密、公共安全、产业安全、商业秘密、个人信息保护等其他重要利益的关系。

3）按照《水利部关于加强事中事后监管规范生产建设项目水土保持设施自主验收的通知》（水保〔2017〕365号）要求，生产建设单位应当在水土保持设施验收合格后，通过其官方网站或者其他便于公众悉知的方式向社会公开水土保持设施验收鉴定书，水土保持设施验收报告和水土保持监测总结报告，对于公众反映的主要问题和意见，生产建设单位应当及时给予处理或者回应。

二、环保数据管理及信息报送

1. 管理范围

（1）生产和生态环境保护等方面的基本信息。

（2）建立环保数据台账、相关原始记录及相关环境信息。

（3）污染物的控制和处理信息，包括废水、废气、废油、施工废弃物和固体废弃物的控制和处理。

（4）环保信息报送的时限。

2. 存在环保风险点

（1）未按要求进行环保数据管理及信息报送。

（2）管理的环保数据和环保信息报送与企业实际情况不符，存在篡改或编制虚假信息。

（3）未按规定时限要求对环保数据更新或补充，未按规定的时限对环保信息进行报送。

3. 标准及要求

（1）按照《生态环境统计管理办法》（2022）（生态环境部令第 29 号）第 5 条要求，国家机关、企业事业单位、其他生产经营者和个人等生态环境统计调查对象，应当依照有关法律、法规和本办法的规定，真实、准确、完整、及时地提供生态环境统计调查所需的资料，不得提供不真实或者不完整的统计资料，不得迟报、拒报统计资料。

（2）按照《生态环境统计管理办法》（2022）（生态环境部令第 29 号）第 9 条要求，按照国家有关规定设置生态环境统计原始记录、统计台账，建立健全统计资料的审核、签署、交接、归档等管理制度；按照规定报送和提供生态环境统计资料，管理生态环境统计调查表和基本生态环境统计资料。

（3）按照《中国华能集团有限公司生态环境保护管理办法》要求，对环保数据进行管理，定期报送环保信息。